KB069227

참 한국사

이야기

1

선사~남북국 시대

참 한국사

이야기

1

선사~남북국 시대

장득진 외 5인 지음

대학수학
능력시험 및
한국사능력
검정시험
대비

주류성

720만 재외동포의 든든한 동반자
한국역사문화교육연구회
THE EDUCATION STUDIES OF KOREAN HISTORY AND CULTURE

간행사

과거로부터 지혜를 얻고 현재와 미래를 바라보는 통찰력을 넓히기 위해서는 역사 공부가 중요하다. 21세기 다변화하는 현대 사회에서 자기 나라에 대한 역사 이해는 정체성 확보를 위한 필수적 요건이다. 또한 역사를 잊으면 바람직하지 못한 역사가 되풀이 된다는 사실에서 더욱 그러하다. 이러한 이유로 한국사에 대한 관심이 높아지는 실정이다.

이 책은 몇 년 전에 나온 『신한국통사』의 대중서로 편찬하였다. 『신한국통사』는 내용이 깊고 분량이 많은 전문적인 역사서였다. 그리하여 더 많은 사람들이 읽기 쉬운 한국사 대중서의 필요성을 이 책이 어느 정도 충족하리라 본다.

근래 한국사 공부에 대한 열기로 많은 한국사 개설서가 간행되고 있다. 그러나 특정 주제로 국한되거나 일부 계층을 대상으로 하기에 교과서와 같이 전체적인 한국사의 흐름을 보여주지는 못하고 있다. 이 책은 이러한 한계를 극복하기 위해 한국사 가운데 꼭 알아야 할 사항으로 평가되면서도 학문적 검증을 거친 역사적 사실을 수록하였다.

쉽지만 꼭 필요한 내용만을 담은 이 책의 독자층은 역사를 좋아하는 초등학생부터 한국사에 관심을 가지고 있는 일반인들까지 다양할 것이다. 그만큼 읽기 쉽고 필요한 내용을 담고 있다.

이 책은 전문적으로 한국사를 공부하는 학생들에게는 적합하지 않을 수도 있겠으나 문제의 난이도가 비교적 쉬운 대학수학능력시험이나 한국사능력검정시험에서 고득점을 얻기에는 충분한 내용으로 구성되었다.

이 책은 4권으로 구성하였다. 1권은 선사시대부터 통일신라, 발해까지를 2권은 고려 시대, 3권은 조선 시대, 4권은 개항 이후부터 현대까지를 수록하였다.

이 책의 가장 큰 특징은 많은 시각 자료를 수록하여 텍스트로만 구성된 책보다는 한국사를 이해하는데 큰 도움을 준다는 점이다. 아울러 일반적으로 유적과 유물 사진을 크게 편집하고 교과서와 유사한 편집 체제를 사용하여 독자들에게 친근감을 줄 수 있을 뿐만 아니라 가독성도 높여주고 있다. 또한 어렵고 이해하기 어려운 역사 용어를 풀어 서술함으로써 쉽게 읽을 수 있다는 장점이 있다. 이 책에 수록된 사진들은 대부분 장득진이 전국의 문화유산을 찾아다니며 15년 이상 촬영해온 결과물이기도 하다.

 이 책을 많은 청소년들이 읽어 바람직한 역사 인식을 가지게 되고, 나아가 일본의 역사 왜곡과 중국의 동북공정 등 한·중·일 역사 전쟁에서 우위를 점했으면 한다. 뿐만 아니라 자랑스러운 우리 역사에 대한 자긍심을 가지고 민족적인 정체성을 확립하는데 도움이 되기를 바란다.

 한국역사문화교육연구회는 재외 동포들에게 한국의 역사와 문화를 알리기 위해 만들어진 단체이다. 이 책이 재외 동포들의 우리 역사 이해에 도움이 되었으면 하는 바람이다. 끝으로 이 책의 완성도를 높이기 위해 감수를 맡아 주신 최병도·김유성 선생님과 검토해 주신 신익수 선생님 및 주류성출판사 관계자들에게 깊은 감사를 드린다.

2018년 1월

한국역사문화교육연구회

대표 필자 장 득 진

차례

III

통일신라와 발해의 발전

백두산 천지

백두산은 해발 2,744m로 한반도에서 가장 높은 산이다. 정상에 있는 백색 돌들이 마치 흰 머리 같다고 해서 '백두산(白頭山)'이라 부르게 되었다. 백두대간이 시작되는 이곳은 단군의 건국이야기와 관련된 성지로 옛부터 신성시해왔다. 우리 민족의 발상지이자, 개국 역사의 무대였던 곳이다. 산 정상의 천지 물은 압록강, 두만강, 송화강 등으로 흘러간다.

태백산 천제단(강원 태백)

돌을 쌓아 만든 타원형의 제단이다. 매년 10월 3일 '개천절(開天節)'에 제천 의식을 거행한다. 태백산은 이미 신라 초기부터 신성한 산으로 여겨 이곳에서 제사를 행하여왔다. 규모가 우리나라에서 제일 크고, 단군 이야기에도 등장하며, 오늘날도 하늘에 지내는 제사가 전해지고 있다는 점에서 큰 의의가 있다.

선사 문화와 고조선의 발전

약 70만 년 전부터 만주와 한반도 주변 지역에 사람들이 살기 시작하였다. 당시 구석기인들은 뗀석기를 사용하여 주로 사냥과 채집 등에 의존하며 생활하였다. 이후 신석기 시대부터 청동기 시대를 거치면서 요령, 만주, 한반도 등 동북아시아 일대에 독자적인 문화를 이루며 우리 민족의 기틀을 형성하였다.

만주와 한반도에서는 약 1만 년 전 무렵 신석기 시대가 시작되었다. 신석기 시대에는 강가, 바닷가 등에 움집을 짓고 마을을 형성하여 농경과 목축 생활을 하였고, 다양한 간석기와 토기를 만들어 사용하였다.

기원전 2,000년에서 기원전 1,500년 무렵에는 만주와 한반도에 청동기 시대가 펼쳐졌다. 농경이 더욱 발달하고 청동제 무기의 보급으로 정복 활동이 활발해졌다. 이에 따라 빈부의 차와 계급이 발생하고, 막강한 권력을 지닌 지배자인 군장이 등장하여 주변 부족들을 통합해 갔다.

이 무렵에 출현한 고조선은 우리나라 최초의 국가로 독자적인 문화를 이룩하였다. 단군왕검에 의해 아사달에 건국한 고조선은 만주와 한반도 서북부 지역 등을 세력 범위로 하여 기원전 4세기 무렵에는 중국 세력과 맞서는 규모로 발전하였다. 기원전 2세기에 위만 조선은 발달된 철기 문화를 배경으로 주변 국가를 정복하며 영토를 넓히면서 중국 한나라와 한반도 남부의 진국 사이에서 중계 무역을 통하여 세력을 더욱 키워나갔다.

이후, 고조선은 한 무제의 침략으로 왕검성이 함락되어 멸망하고 말았다(기원전 108년). 한나라가 고조선 옛 땅에 군현을 설치하여 지배하려 하자, 고조선 유민들은 만주와 한반도 지역으로 이주하여 여러 국가를 세웠다. 만주의 부여와 고구려, 한반도 북부의 옥저와 동예, 그리고 한강 이남의 삼한 등이 그 대표적인 국가였다.

그때 우리는		그때 세계는	
B.C.		B.C.	
70만년 전	구석기 시대 시작	400만년 전	오스트랄로피테쿠스 출현
8000년 경	신석기 시대 시작	5만년 전	현생 인류 출현
2333	단군왕검, 고조선 건국	3000년 경	메소포타미아 · 이집트 문명 성립
2000년 경	청동기 보급	2500년 경	황하 문명 · 인더스 문명 성립
500년 경	철기 사용	500년 경	인도, 불교 성립
194	위만 조선 성립	492	페르시아 전쟁
108	고조선 멸망	221	진, 중국 통일
37	고구려 건국	27	로마, 제정 수립

선사 시대인,
다양한 도구를
제작하다

구석기인(충북 단양 수양개 박물관)
돌을 깨뜨려 도구를 만드는 모습.

단양 금굴(충북 단양)
우리나라에를 대표하는 선사 유적지 가운데 하나로 석기 시대부터 청동기, 초기 철기 시대에 이르는 거의 모든 시기의 선사 유적층이 발견되어 각 시대의 생활
모습을 찾아볼 수 있다. 동굴 규모는 입구 높이 8m, 넓이 7~10m이며 확인된 동굴의 길이만 85m이나 된다. 석기ㆍ뼈 도구ㆍ토기ㆍ조개껍데기 도구와 사냥
했던 짐승뼈 화석, 조개껍데기, 토기 조각들이 출토되었다.

1. 구석기인들, 돌을 깨뜨려 사용하다

오랜 옛날부터 우리 조상들은 만주 지역과 한반도를 중심으로 비교적 넓은 지역에 퍼져 살고 있었다. 우리가 살고 있는 이곳은 오랫동안 사람들이 살던 곳이다. 그 시기는 약 70만년전 구석기 시대로 거슬러 올라간다.

그러면 그 먼 옛날 구석기 사람들이 어떻게 살았는지 알 수 있을까? 역사가 그렇듯이 바로 유적과 유물을 통해서이다. 역사는 남겨진 흔적을 찾아서 역사가들이 당시의 상황을 연구해서 써내려간 이야기라고 할 수 있다. 이 중 글자가 발명되기 이전 시대를 선사 시대라 하는데, 주로 그 시대 사람들이 남긴 유적, 유물 등을 통해 당시 생활 모습을 알 수 있다. 선사 시대와 달리 글자를 사용하고 글로 기록되어 있는 시대를 역사 시대라고 부른다.

유적
옛 건축물이나 싸움터 또는 역사적인 사건이 벌어졌던 곳이나 역사적 장소를 말한다.

유물
옛사람들이 남긴 물건으로 주로 유적에서 많이 발굴됐다.

주먹도끼
구석기 시대의 대표적 유물인 주먹도끼이다. 주먹도끼는 말 그대로 주먹에 쥐고 쓸 수 있는 도끼 형태의 도구를 말한다. 주먹도끼는 짐승을 잡고, 짐승 가죽을 벗기고, 땅을 파서 나무 뿌리를 캐는 등 다양한 용도로 사용됐다.

석장리 선사 유적지(충남 공주)
남한 최초의 구석기 발굴 유적이자 가장 많은 유물이 출토된 구석기 문화 유적이다. 집터, 불땐자리, 사람의 털과 짐승의 털 등이 발견됐고, 긁개·찌르개·자르개·주먹도끼·주먹대패 등 수많은 유물이 발굴됐다.

수양개 선사 유적지(충북 단양)
남한강 상류에서 발굴된 구석기 유적지이다. 강을 끼고 있는 주위 환경이 선사 시대 사람들이 살기에 적당한 곳으로, 발견된 석기들도 다양하다. 구석기 시대에서 초기 철기 시대에 걸친 많은 유적이 발굴됐다.

우리나라 구석기 시대 유적은 평남 상원 검은모루 동굴, 경기 연천 전
곡리, 충남 공주 석장리, 충북 단양 금굴과 수양개를 비롯하여 전국 여
러 곳에서 발굴됐다. 이들 구석기 유적지에서는 긁개, 주먹도끼와 같은
뗀석기와 함께 코뿔소, 곰 등의 뼈가 나왔다. 또한 불을 피운 흔적도 발
견되고 있다. 구석기 시대의 사람들은 사냥을 한 고기를 불에 익혀 먹었
다. 불은 인간에게 추위를 피하게 해주고 맹수로부터 보호를 해주며 음
식을 익혀 먹는 데도 큰 도움을 주었다.
　　구석기 시대 사람들은 주로 동굴이나 강가에 막집을 짓고 살았다. 또
한 가족을 중심으로 무리 사회를 이루었다. 이들은 처음에 돌을 거의 그
대로 사용하다가 점차 쓰임새에 따라 다양한 뗀석기를 만들어 썼다.

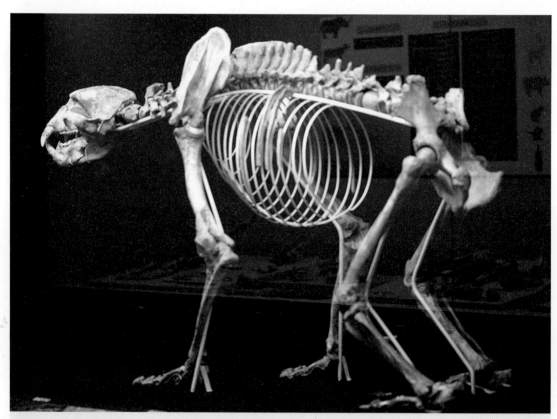

동물뼈(충북대학교 박물관)
청주 두루봉에서 출토된 곰뼈 복원 모습

2. 신석기인들, 농사를 짓기 시작하다

약 1만 년 전 지구의 기후가 따뜻해지면서 식물의 종류가 다양해졌다. 동물도 매머드와 같은 대형 동물이 사라지고 사슴·멧돼지와 같은 작은 동물이 번성하게 됐다. 이러한 자연환경의 변화에 적응하여 신석기 시대 사람들은 사냥을 하기 위해 활·창·작살과 같은 보다 더 정교한 사냥

신석기 시대 집터
(서울 강동구 암사동)
암사동 선사 유적지는 기원전 5,000년을 전후한 선사 시대 사람들의 생활 터전으로, 우리나라의 대표적인 신석기 시대 유적이다. 발굴 당시 모두 25기의 신석기 집터가 드러났다. 지금은 그 가운데 9채가 복원되어 옛 모습을 보여주고 있다.

갈돌과 갈판
대표적인 신석기 시대의 유물로 수확한 곡식의 껍질을 벗기거나 으깨는데 사용한 도구이다. 맷돌의 초기 모습이라고 할 수 있다.

신석기 시대 집터
(강원 양양 오산리)
오산리 선사 유적은 1977년 농지 확대를 위한 주변 호수인 쌍호 매물작업 중 발견되었다. 이곳에선 과거 선사인의 바다 생활, 채집 생활 등을 알 수 있는 결합식 고기잡이 도구, 토기류, 석기류 등 다양한 유물이 출토되었다.

도구를 만들었다. 구석기 시대가 돌을 깨뜨려 도구를 만들었다면, 신석기 시대에는 돌을 갈아서 만든 도구를 사용했다. 우리나라에서는 대략 기원전 8000년경부터 신석기 시대가 시작됐다. 신석기 시대 유적은 한반도 지역에 널리 퍼져 있는데, 주로 강이나 해안 지역에서 발견된다.

신석기 시대의 가장 큰 변화는 농경과 목축의 시작이다. 구석기 시대까지는 주로 자연에 의존하여 채집이나 사냥을 통해 먹을 것을 구했다. 이에 비해 신석기 시대에는 농경과 목축을 통하여 먹을 것을 안정적으로 마련할 수 있었다. 농경과 목축을 위해서는 물이 필수였고, 그래서 강가의 평야 지대가 살기 유리한 조건이었다. 농경과 목축의 시작으로 인해 사람들의 생활이 크게 바뀌었다.

신석기인들은 주로 나무에 돌을 묶어 농기구를 만들어 농사를 지었다. 대개 들에서 자라는 조·피·수수 등을 생산했다. 그 양이 많지 않아 부족한 식량을 해결하기 위해서는 구석기 시대처럼 사냥과 고기잡이도 해야 했다. 신석기 시대의 유적지에서 발견되는 활, 창, 동물의 뼈나 조개류, 그물추, 작살, 뼈낚시 바늘 등은 이러한 사실을 알려주고 있다.

신석기 시대 사람들은 뼈바늘을 이용해서 나무껍질이나 짐승 가죽으

기원전·기원후
'기원전'은 예수가 탄생하기 전(B.C. : Before Christ) '기원후'는 예수 탄생 후(A.D. : Anno Domini)를 말한다. 즉, 예수가 태어난 해를 기원후 1년으로 하고 그 전 해는 기원전 1년, 그로부터 100년 전은 기원전 100년으로 계산하게 되는 것이다. 지금 우리가 사용하고 있는 연도는 기원후 이다.

뼈바늘(춘천박물관)

덧띠무늬 토기(동아대학교 박물관)
신석기 시대 것으로 추정되는 토기이다.

빗살무늬 토기
신석기 시대를 대표하는 유물이다.

로 옷을 만들어 입었다. 신석기 시대의 유물로 가락바퀴가 있다. 나무껍질 등에서 가는 가닥을 뽑아 가락바퀴를 이용하여 여러 가닥을 꼬아 튼튼한 실을 만들었다. 이렇게 만든 실로 그물을 만들어 고기를 잡고 옷을 만들어 입었다.

신석기 시대 사람들은 주로 땅을 파고 그 위에 지붕을 씌운 움집에서 살았다. 서울 한강변 암사동 유적지에는 이러한 신석기 시대의 움집터 20여 개가 확인되었다. 암사동 유적지에는 당시 신석기인들의 농경, 사냥, 고기잡이, 채집 생활 모형 등이 재현되어 있다 당시의 모습을 생생하게 엿볼 수 있다.

또 다른 신석기 유적지로는 강원도 양양 오산리 선사 유적이 있다. 이곳에는 선사 유적 박물관이 있는데, 토기 제작, 고기잡이, 사냥, 채집 및 농경 생활 등 신석기 시대 사람들의 생활 모습을 재현하고 있다.

가락바퀴
방추차(紡錘車)라고도 불리는 가락바퀴는 신석기 시대부터 청동기 시대까지 사용한 원시적인 방적 도구로 돌·흙·뼈·도기 등으로 만들었고, 그 모양도 원판형·구형·반구형·원통형 등 다양하였다. 가락바퀴는 그 중앙에 둥근 구멍이 뚫려 있는데, 그 구멍을 통하여 가락바퀴의 축이 될 막대를 넣어 고정시키고 막대의 위쪽 끝에는 갈퀴를 만들었다.

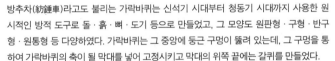

신석기 생활관(양양 오산리 선사 유적 박물관)
신석기인들은 토기를 사용해 음식을 조리하고, 식량을 보관할 줄 알았다.

신석기 시대에는 농사를 지어 식량이 늘어났고, 이를 저장할 그릇이 필요했다. 그리하여 흙으로 그릇을 빚고 불에 구워 단단하게 만들어 사용했다. 대표적인 것은 토기의 겉면에 머리빗으로 모양을 낸 것처럼 보이는 빗살무늬 토기이다. 빗살무늬 토기의 형태는 바닥면이 포탄 모양으로 뾰족한 것과 편평한 화분 모양의 두 종류가 있다. 바닥이 뾰족한 토기는 아마도 땅에 꽂아서 사용한 것으로 생각된다.

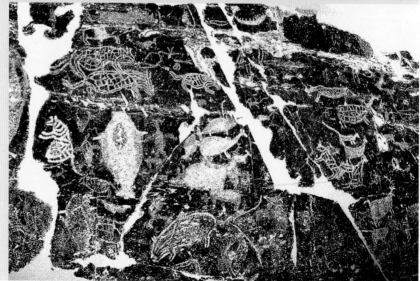

울주 반구대의 바위그림 사진과 탁본(울산 울주)
암벽에 그려진 고래를 포함한 호랑이, 사슴, 사람 얼굴, 새 등은 사냥과 고기잡이의 성공을 비는 선사 시대 사람들의 생각이 깃들어 있다. 세계에서 가장 오래된 바위그림 유적 중의 하나로, 대체로 신석기 시대에서 청동기 시대 초기에 제작되었다고 보고 있다.

암사동 선사 유적지(서울 강동)

이곳이 세상의 이목을 받게 된 것은 1960년 서울 장충고등학교 야구장을 만드는 과정에서 빗살무늬 토기 조각들이 쏟아져 나왔기 때문이다. 이를 계기로 1966년 정식 발굴 조사가 시작됐다. 그 결과 수많은 빗살무늬 토기 뿐만 아니라 돌도끼, 돌화살촉, 긁개, 갈판, 갈돌, 그물추 등 신석기 유물들이 골고루 출토됐다. 지금의 암사동 선사 유적지는 우리나라의 대표적인 신석기 시대 유적이라고 할 수 있다.

빗살무늬 토기

신석기 시대를 대표하는 토기로 대체로 강가와 바닷가에서 발견된다. 주로 생선뼈 모양 무늬가 중심이 되나 밑바닥이 뾰족하며 아가리 · 몸통 · 밑바닥이 각각 다른 무늬로 되어 있다. 아가리는 짧은 무늬가 4줄의 평행선 모양으로 이어지고, 몸통은 생선뼈 무늬가 상하로 이어졌으며, 밑부분은 아가리와 같은 모습을 하고 있다. 다시 말하면 아가리 · 몸통 · 밑바닥이 각기 다른 무늬로 되어 있다.

더 알아보기

신석기 혁명

신석기 시대에 시작한 농경 문화를 말한다. 고고학자인 고든 차일드(V. Gordon Childe)가 1936년에 펴낸 책에서 처음으로 신석기 혁명이라는 말을 사용했다. 수렵과 채집에만 의존하던 구석기 시대 사람들과 달리 신석기 사람들은 농경이라는 새로운 차원의 생산 방법을 발명했다는 것이다. 농경의 시작으로 사람들의 삶이 완전히 달라졌다. 그래서 농경의 시작을 하나의 혁명적 사건이라는 뜻으로 '신석기 혁명(The Neolithic Revolution)' 또는 '농업 혁명'이라고 한다.

신석기 시대에는 인구가 증가하면서 자기 부족을 이끌고 나갈 지도자가 필요했다. 그러나 신석기 시대의 지도자는 왕처럼 정치적인 권력을 가진 것이 아니라 경험이나 나이가 많은 사람이 담당하였다. 자기 부족을 이끌며 농사나 사냥 등의 생산 활동을 하는데 도움을 줄 수 있었기 때문이다. 따라서 신석기 시대 사람들은 상하관계가 아닌 평등한 관계였다고 할 수 있다.

농경이 시작되면서 신석기 시대 사람들은 자연의 변화에 관심을 갖게 되었다. 또한 풍요로운 수확을 기원하는 원시적인 종교 의식도 행했다. 모든 자연에 영혼이 깃들어 있다고 믿는 애니미즘, 무당이 주술 행위를 하는 것과 비슷한 샤머니즘이 등장했다. 또 곰, 호랑이 등과 같은 특정 동물을 자기 부족의 수호신으로 신봉하는 토테미즘도 생겨났다.

조개껍질 가면

당시 유적에서는 흙으로 구워 만든 얼굴상이나, 동물 모양의 조각, 조개껍질의 가면, 짐승의 뼈나 이빨로 만든 장신구 등이 발견됐다. 이러한 유물들을 통해 신석기 시대의 신앙 세계를 알 수 있다.

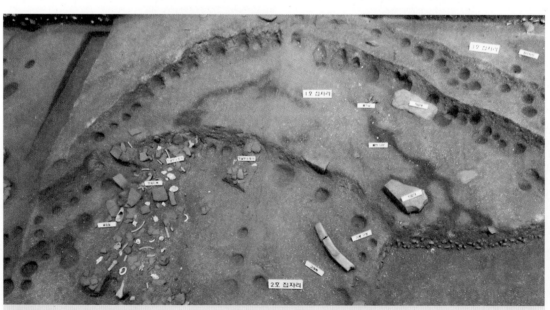

동삼동 패총 모형(한성백제박물관)
부산 동삼동 패총은 남해안 일대에서 가장 규모가 큰 신석기 유적지이다. 이곳에는 신석기 초기부터 말기까지 오랜 기간에 걸친 여러 문화층이 겹쳐져 있다. 당시 사용하던 빗살무늬 토기, 뼈바늘, 돌도끼 등 수많은 유물이 발굴됐고, 조개류, 물고기, 동물 등의 자연유물도 많이 출토되었다. 당시의 경제활동과 자연환경을 알 수 있는 중요한 자료가 되고 있다.

• 전곡리 선사 유적지 (경기 연천)

전 세계의 모든 고고학 교과서에는 '전곡리'라는 지명이 빠지지 않고 실려 있다. 우리나라의 대표적인 구석기 유적인 전곡리 선사 유적지는 1978년 주한 미군병사 그레그 보엔(Greg Bowen)이 우연히 발견한 4점의 석기로 인해 세상에 알려지게 됐다. 이로써 한반도 구석기 시대를 20만 년 이상 끌어올렸고, 아프리카와 유럽 중심의 뗀석기와 아시아의 찍개 석기로 구분되던 '모비우스 학설'은 바뀌게 되었다. 이후 4,600여 점의 유물이 더 발굴되어 세계적인 구석기 문화의 유적지로 평가받게 되었다. 한탄강변의 선사 유적지에는 선사 유적관과 토층 전시관, 주먹도끼와 화살촉을 직접 만들어보는 체험마을 등 다양한 시설이 선사 시대 조형물과 함께 자리 잡고 있다.

• 암사동 유적지 (서울 강동)

암사동 유적지는 기원전 5,000년을 전후한 시기에 등장한 신석기 시대 유적이다. 발굴 당시 모두 25기의 신석기 집터가 드러났다. 이 유적지는 1925년의 '을축년 대홍수' 때 처음으로 학계에 알려졌다. 한강의 범람으로 유물을 포함한 지층이 지상에 드러나면서 많은 석기와 빗살무늬 토기 조각이 노출된 것이다. 이후 1960년대 이후 발굴 조사가 이루어졌다.

조사 결과 이곳은 신석기 시대의 중요한 유적지임이 밝혀져 1979년 사적 제 267호로 지정됐다. 발굴 조사를 통해 암사동 선사 유적지의 몇 가지 주요한 특성이 드러났는데, 유적지에는 세 개의 문화층이 있다. 가장 위에서는 다량의 백제 초기 토기 조각과 흙으로 만든 관(옹관), 건물터 등이, 가운데 층에는 민무늬 토기를 비롯해 청동 화살촉, 후기 빗살무늬 토기 등의 신석기 후기와 청동기 시대 유적이 출토됐다. 그리고 맨 아래층은 신석기 전기 문화층인 빗살무늬 토기와 다수의 집터가 확인됐다. 이 중 유적지 전체에 걸쳐 광범위하고, 많은 유물과 유적이 남아 있는 것은 단연 신석기 문화층이다. 여기에서는 수많은 빗살무늬 토기와 집터 유적은 말 할 것도 없고, 돌도끼, 돌화살촉, 긁개, 갈판, 갈돌, 그물추 등 신석기 유물들이 골고루 출토됐다. 암사동 유적지는 우리나라의 대표적인 신석기 시대 유적으로 자리매김했다.

02

우리나라 최초의 국가, 고조선이 건국되다

단군 초상

부근리 고인돌(인천 강화)
대표적인 탁자식 고인돌 형태로 우리나라에서 규모가 큰 것 중 하나이다. 비스듬히 경사를 이룬 굄돌 위에 거대한 화강암 덮개돌이 올려져 있는데, 길이 7m, 너비 5.5m, 무게 50톤의 돌이다. 강화도는 일찍부터 사람들이 생활하기에 적당한 기후 조건에 기름진 토양을 갖추고 있어 많은 선사 시대의 유물, 유적들이 발굴되고 있다.

1. 청동의 금속으로 도구를 만들다

금속이 본격적으로 사용되던 때는 청동기 시대였다. 오랫동안 사람들은 돌을 사용하다가 단단한 금속을 다룰 수 있게 됐다. 기원전 2,000년경 만주 지역에서, 기원전 1,500년 경에는 한반도에서 청동기 시대가 시작되었다고 한다.

사람들은 처음에 구리를 발견했지만 약하여 잘 구부러지기 때문에 도구로 사용하기 곤란했다. 구리에 주석 또는 아연을 넣으면 더욱 단단한 청동과 황동이라는 금속이 되는데, 주로 청동으로 여러가지 도구를 만들어 사용했다. 청동을 사용하여 도구를 만들기 시작했지만 모든 사람이 청동기를 사용한 것은 아니다. 당시 청동기는 재료를 구하거나 제품을 만들기 어려운 첨단 도구였다. 그래서 이를 다룰 수 있는 사람들은 우수한 집단으로 자리 잡을 수 있었다. 청동기는 주로 지배층의 무기나 장식품, 제기로 사용됐고, 생활 도구는 여전히 돌이나 나무로 만들었다.

제기
제사에 쓰이는 그릇이다.

청동기 시대 사람들은 주로 강을 끼고 있는 야산이나 언덕 지대에 마

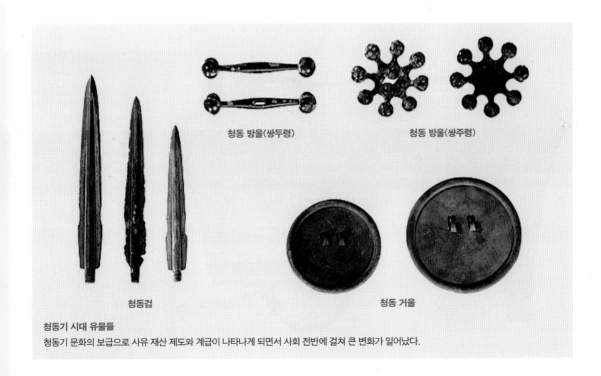

청동 방울(쌍두령)

청동 방울(쌍주령)

청동검

청동 거울

청동기 시대 유물들
청동기 문화의 보급으로 사유 재산 제도와 계급이 나타나게 되면서 사회 전반에 걸쳐 큰 변화가 일어났다.

반달 돌칼

생김새가 대체로 한쪽이 곧고 다른 한쪽이 둥근 반달처럼 생겼다 해서 반달 돌칼이라고 한다. 그러나 여러 가지 다른 형태도 있다. 만주 지역에서부터 한반도 전역에 걸쳐 두루 발굴됐다. 반달칼의 한복판에나 등쪽에는 보통 한 개 내지 두 개의 구멍이 뚫려 있는데 이 구멍 사이에 끈을 꿰어 끈 사이로 손가락을 집어 넣어 사용했다. 주로 낫처럼 곡식을 수확하는데 쓰였으며, 청동기 시대의 대표적인 유물이다.

농경문 청동기

밭을 가는 **따비** 모습이 새겨져 있는 청동기 시대의 것으로 주술적인 용도로 쓰인 것으로 추정한다. 이 그림을 가만히 보면 한 사람은 따비로 밭을 갈고, 한 사람은 괭이로 땅을 고르는 장면이 새겨져 있다.

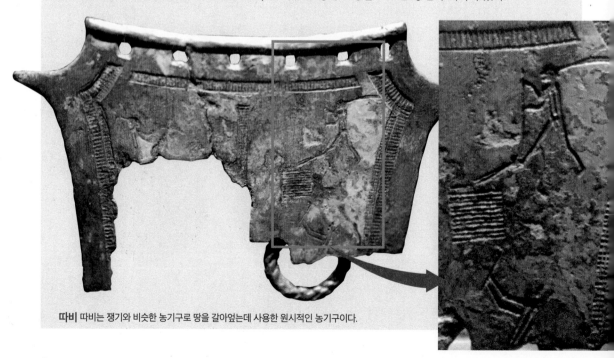

따비 따비는 쟁기와 비슷한 농기구로 땅을 갈아엎는데 사용한 원시적인 농기구이다.

을을 만들어 살았다. 이들은 이곳에서 농사를 지었으며 농기구는 신석기 때보다 발달하여 돌도끼, 괭이 등의 농기구로 밭을 일구고, 반달 돌칼 등을 이용하여 이삭을 잘라 수확했다. 돌칼은 손에 쥐기 쉬운 반달형이 대부분이고, 삼각형이나 네모 등의 형태를 띤 것도 있었다.

청동기 시대에는 벼농사가 본격적으로 시작됐다. 벼는 같은 면적의 땅에 농사를 지었을때 다른 곡식들보다 더 많은 양을 수확할 수 있는 것이었다. 그러나 농사 짓기가 쉽지 않아서 청동기 시대가 되어서야 본격적으로 이루어진 것이다. 이 시대에 쌀을 재배했던 사실은 여러 청동기 유적에서 불탄 볍씨가 발견되어 알 수 있다.

**불탄 볍씨
(부여 송국리 유적지)**
탄화된 쌀과 볍씨 자국이 있는 토기 등이 부여 송국리 등 여러 지역에서 발견된다.

청동기 시대의 집은 직사각형이나 원형의 반움집이었고 신석기 시대보다 더 커졌다. 또한, 마을의 규모도 커졌다. 집은 주춧돌을 사용하기도 했고 난방 기술이 발달하여 움집에서 지상 가옥으로 점차 바뀌어 갔다.

청동기 시대 가장 대표적인 유적을 꼽으라면 고인돌이다. 고인돌의 규모가 큰 것은 돌의 무게가 수십 톤이나 된다. 이 정도 규모를 만들기 위해서는 수많은 사람이 동원됐을 것이고, 이러한 정도의 노동력을 움직이게 할 수 있는 사람은 권력을 가진 지배자였을 것이다.

전 세계 고인돌의 절반이 넘는 4만여 개의 고인돌이 우리나라에 있다. 이 때문에 우리나라는 '고인돌의 나라'라고 불리기도 한다.

청동기 시대의 대표적인 토기는 민무늬 토기다. 이 토기는 대부분 바닥이 납작하고 사발·접시·항아리 등의 다양한 용도로 널리 사용됐다. 민무늬 토기가 발견되는 곳에 돌칼이 함께 출토되는 점으로 보아 청동기 시대에도 돌로 만든 도구가 널리 사용됐음을 알 수 있다.

민무늬 토기
청동기 시대의 대표적인 토기이다. 신석기 시대의 빗살무늬 토기는 뾰족한 바닥과 둥근 바닥이 많았지만 민무늬 토기는 대부분이 납작 바닥이라는 점이 특징이다.

청동기 시대에는 인구가 증가하고 경제가 발전하면서 신분의 높고 낮음이 나타나는 계급 사회가 됐다. 청동기 시대 지도자(족장)는 하늘에 제사를 지내는 종교 의

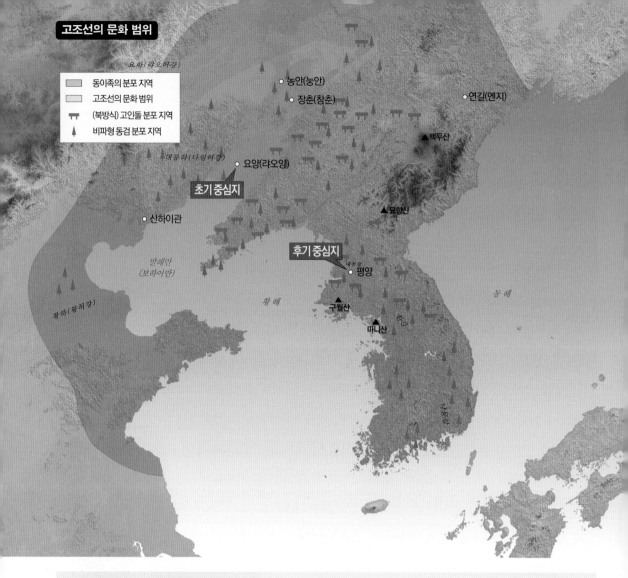

고조선의 문화 범위

범례:
- 동이족의 분포 지역
- 고조선의 문화 범위
- (북방식) 고인돌 분포 지역
- 비파형 동검 분포 지역

요하(랴오허강)
농안(눙안)
장춘(창춘)
연길(옌지)
백두산
대릉하(다링허강)
요양(랴오양)
초기중심지
산하이관
묘향산
후기중심지
대동강
평양
발해만(보하이만)
황해
동해
황하(황허강)
구월산
마니산
한강
낙동강

탁자식 고인돌   바둑판식 고인돌

우리나라 고인돌은 크게 탁자식·바둑판식·개석식으로 분류할 수 있다. 탁자식은 땅 위에 넓적한 돌을 세워 긴 직육면체의 무덤 칸을 만들고 그 안에 시신을 넣은 뒤, 위를 널빤지 같은 큰 덮개돌로 덮은 형태이다. 그래서 탁자 모양이다. 반면, 바둑판식은 땅을 파고 그 곳에 돌로 방을 만들어 그 안에 시신을 넣었다. 그리고 그 위에 여러 개의 작은 받침돌을 놓고 다시 커다란 덮개돌을 얹어 마무리했다. 개석식은 덮개돌(개석)이 땅에 반쯤 묻힌 형태로 굄돌이 없다.

식도 주관하여 더욱 권위를 높였다. 이처럼 정치적인 지배자가 종교 의식까지 주관하는 사회를 '제정일치 사회'라고 한다. 권력을 가진 지도자가 죽으면 그의 권위를 상징하는 거대한 무덤을 돌로 만들었다.

고인돌에서 발굴된 대표적인 청동기 유물로는 청동검과 청동거울이 있다. 비파라는 악기 모양을 닮았다고 해서 붙여진 이름인 비파형 동검은 그 출토지가 우리 민족이 생활했던 지역과 거의 일치하여 발견되고 있다. 이 비파형 동검은 후기에 가면 세형 동검이라는 독특한 한국식 동검으로 발전하였다.

청동 거울은 매우 정교하고 섬세하게 만들어 졌는데, 지금처럼 사물을 비춰보는 기능보다는 지도자의 우월함을 과시하기 위한 도구로 쓰였을 것이다.

비파형 동검
청동기 시대의 칼로 만주, 한반도 등에서 출토된다. 고조선의 문화 범위와 대체로 일치한다.

세형 동검
청동기 후기에서 초기 철기 시대에 사용된 칼로 한반도에서만 발견되고 있다 '한국식 동검'이라 한다.

송국리 청동기 움집과 목책 복원 모습(충남 부여)

송국리식 토기

부여 송국리에 있는 청동기 시대 집터 유적이다. 하천과 평지에 인접한 낮은 구릉 위에 100여 기 이상의 집터가 발굴됐다. 집터는 둥근 것과 긴 네모꼴인 것이 있는데, 30~150cm 깊이로 땅을 파고, 한쪽 벽은 얕게 파서 문을 만들어서 드나들었다. 집터 안에서는 토기와 석기가 많이 출토됐다. 토기는 납작한 밑, 긴 달걀형의 몸체, 목이 없이 아가리가 밖으로 약간 꺾인 모습을 한 특이한 형태를 지니고 있다. 이를 송국리식 토기라 부른다. 여기에서는 돌칼, 돌화살촉, 가락바퀴(방추차), 돌도끼를 비롯하여 다양한 석기와 많은 양의 불탄 쌀과 청동 도끼 거푸집도 출토됐다. 송국리 집터는 기원전 7~6세기 전에 농경과 수렵에 기반을 둔 사람들에 의해 만들어진 것으로 추측되며, 청동기 시대 사람들의 생활상을 보여주는 중요한 자료이다.

단군왕검 (檀君王儉)의 고조선 (古朝鮮) 건국 이야기

옛 기록에 이르기를 옛날 환인의 서자 환웅이 자주 천하에 뜻이 있다 인간 세상을 선망하였다. 그 아버지가 아들의 뜻을 알고 아래로 삼위 태백 땅을 내려다보니 널리 인간 세상에 큰 이익을 줄만 하였다[홍익인간]. 이에 천부인 세 개를 주어 가서 다스리게 하였다. 환웅이 무리 3천을 이끌고 태백산 꼭대기에 있는 신단수 아래로 내려와 그 곳을 신시라 하였으니, 이가 바로 환웅천왕이다. 그는 풍백과 우사와 운사를 거느리고 곡식과 생명과 질병과 형벌과 선악을 주관하고 인간의 360여 가지 일을 주관하여 세상에 살면서 교화를 베풀었다. 이 때에 곰 한 마리와 호랑이 한 마리가 같은 동굴에서 살고 있었는 데 항상 신웅에게 기도하여 사람되기를 원하였다.

이 때 환웅이 신령스러운 쑥 한줌과 마늘 20개를 주며 말하기를, "너희가 이것을 먹고 햇빛을 백일 동안 보지 않으면 곧 사람이 될 것이다"라고 하였다. 곰과 호랑이는 이것을 얻어먹고 3.7일(21일) 동안 삼가니 곰은 여자의 몸으로 변했으나 호랑이는 능히 삼가지 못해 사람이 되지 못하였다. 웅녀는 혼인해서 같이 살 사람이 없으므로 날마다 신단수 아래에서 아기갖기를 빌었다. 환웅이 잠시 변하여 혼인하였더니 이내 잉태해서 아들을 낳았으니 이름을 '단군왕검'이라 하였다. 그는 요 임금이 즉위한 50년 경인년에 평양성에 도읍하고 비로소 '조선'이라 일컬었다

(『삼국유사』 권1, 기이 2, 고조선)

참성단(마니산, 인천 강화)
단군이 하늘에 제사를 올리던 제단이라고 전해진다. 제단은 다듬은 돌로 하부는 둥글게, 그 위에 네모난 단을 쌓아 올렸다. 고려 원종 11년에 보수했고, 조선 인조 17년과 숙종 26년에도 보수했다는 기록이 남아 있다. 지금은 해마다 10월 3일 개천절에 이곳에서 단군의 제사를 지내고 있다. 또한, 전국 체육대회 때마다 대회장에 타오르는 성화는 이곳 참성단에서 채화되어 사용되고 있다.

2. 우리나라 최초의 국가, 고조선이 세워지다

1) 환웅의 아들 단군이 고조선의 시작을 열다

고조선은 중국 역사서에 의하면 발해만 북쪽에 있었던 것으로 서술되어 있다, 대체로 요하(랴오허강) 유역에서 한반도 서북 지방에 걸쳐 발전한 세력으로 보인다. 이 지역에서는 비파형 동검과 고인돌, 미송리식 토기가 집중적으로 출토되는데, 고조선의 중심지로 여겨진다. 또한, 이 유물들이 발굴되는 위치들을 통해 고조선의 문화 범위를 추정할 수 있다.

우리 민족의 시작을 보여주는 신화로 단군 왕검이 고조선을 세웠다는 단군 이야기가 있다. 단군 이야기가 나오는 역사책은 『삼국유사』와 『제왕운기』 등이다. 여기에 나오는 내용을 통해 우리 민족이 처음 나라를 세웠을 때의 상황을 짐작해 볼 수 있다.

곰과 호랑이 이야기는 선사 시대에 형성되었던 특정 동물을 숭배하는

라오허강(요하)위치

미송리식 토기
(국립중앙박물관)
청동기 시대 민무늬 토기의 한 형태로, 1959년 평북 의주군 미송리 동굴 유적에서 발견되어 이름을 미송리식 토기라고 불린다. 손잡이가 있고 적갈색인 것이 특징이다. 미송리식 토기와 비파형 동검, 탁자식 고인돌의 분포 지역으로 고조선의 문화 범위를 추측할 수 있다.

단군릉(평양)
1994년 조성한 무덤으로 단군과 단군 부인이 묻혀 있다고 한다. 그러나 한국과 외국의 학자들은 북한이 사용한 연대 추정 방법 등에 문제가 있다고 하여 믿지 않는 형편이다.

토테미즘 신앙의 요소가 반영되어 있음을 알 수 있다. 또한 비, 바람, 구름을 주관하는 사람이 있었다는 내용에서는 우리 민족 최초의 국가가 농경 사회를 배경으로 성립되었다는 것을 짐작할 수 있다.

2) 철기 문화의 발달로 고조선이 더욱 강성해지다

기원전 3~2세기 무렵 중국이 전쟁으로 혼란에 휩싸이자, 많은 사람이 중국에서 고조선 쪽으로 이동하였다. 그 중 위만을 중심으로 한 이주민 집단이 철기 문화를 가지고 한반도에 들어왔다.

위만은 기원전 194년 고조선의 준왕을 몰아내고 스스로 왕이 됐다. 위만이 통치하던 고조선 시기는 철기 문화가 발전하면서 이를 바탕으로 주위의 여러 부족을 통합하여 세력을 크게 확장했다. 그리하여 당시 중국을 통일한 한나라에 대항할 정도로 세력이 커졌다. 고조선은 한반도 남부 지방에 위치한 여러 나라와 중국 한나라 사이에서 중계 무역을 하면서 경제적인 이익을 얻기도 하였다.

고조선의 성장에 위협을 느낀 한나라 무제는 수많은 군대를 이끌고 고조선을 침략하였다. 한나라의 침공을 막아내며 잘 싸우던 고조선은 오랜 전쟁으로 내부 분열이 일어나게 되고, 결국 수도인 왕검성이 함락되어 멸망하였다(기원전 108).

3) 고조선 사람들은 어떻게 살았을까?

고조선은 청동기 문화의 발전에 따라 점차 세력을 키워 요령 지방을

더 알아보기

왕검성의 위치

고조선의 수도 왕검성의 위치에 대하여는 여러 가지 주장이 있다. 즉 북한의 평양이었다는 '대동강 중심설'과 중국 만주 요동 지방에 있었다는 '요동 중심설'이 있다. 또 처음에는 요동이었으나 나중에 평양으로 옮겼다는 '이동설'로 해석하는 학자들도 있다. 이처럼 왕검성의 위치에 대하여는 아직까지 결론을 내리지 못하고 있는 상태이다.

중심으로 만주와 한반도 북부를 연결하는 넓은 지역을 통치하는 국가로 발전했다. 생산량이 늘어나고 개인마다 재산이 많아지면서 빈부의 차이가 생기고, 정치와 군사를 담당하는 지배 계층과 생산을 담당하는 피지배 계층으로 구분됐다.

고조선은 사회를 유지하기 위해 8개의 법 조항(범금 8조)을 두었는데 그중에서 3개의 조항이 전해지고 있다. 이를 통해 고조선 시대에는 개인의 사유재산을 인정하고 엄격하게 보호했으며, 형벌에 의한 노비도 발생했음을 알 수 있다. 또한 고조선은 귀족과 일반 백성 그리고 노비의 신분이 있었을 것으로 추측된다. 귀족은 노비와 토지 등 경제적 기반을 가지고 있었고 사회 구성의 대부분인 일반 백성들은 주로 농업 등 생산활동을 담당했을 것이다.

오수전(한)
중국 춘추 전국 시대와 한나라 시대의 화폐이다. 고조선 지역에서 발견되는 것으로 보아 중국과의 교역이 활발하게 전개되었음을 알 수 있다.

4) 고조선 이후 여러 나라가 생겨나다

고조선 이후 철기 문화가 더 넓게 확산됐다. 철기는 이전의 청동기보다 더 단단했고 양이 풍부했으며, 불을 잘 다룰 수만 있다면 만드는 과정도 더 편했다. 그래서 청동기로는 제작하지 않았던 농기구와 같은 생산 도구들이 철기로 제작됐다. 철제 농기구가 생기면서 농업 생산력도 높아졌다. 왜냐하면, 철은 단단하여 잘 부러지지 않으므로 땅을 깊이 갈고, 농작물을

철기 시대 유물들
철제 농기구와 무기의 사용으로 농업 생산력이 증대되고, 정복 활동이 활발해짐에 따라 만주와 한반도 각지에는 여러 나라가 생겨났다.

더 알아보기

고조선의 범금 8조(8조 법금)

낙랑 조선에는 범금 8조가 있다. 사람을 죽이면 그 즉시 죽인다. 서로 상하게 하면 곡식으로 배상한다. 남의 물건을 훔친 자가 남자이면 그 집의 노(奴)로 삼고, 여자이면 비(婢)로 삼는다. 자신의 죄를 용서받으려는 자는 1인에 50만전을 내야 한다. 비록 노비를 면하여 백성 신분이 되어도 사람들이 이를 부끄럽게 여겨 장가들고자 하여도 결혼할 사람이 없다. 이런 까닭에 그 백성들이 서로 도둑질하지 않았고 문을 닫는 사람이 없었다. 부인들은 단정하여 음란한 일이 없었다.

(『한서』 권28 하, 지리지)

수확하는 데도 편리했기 때문이다. 이런 철기 문화를 기반으로 고조선의 영향력 아래 있던 지역에서 부여, 고구려, 옥저, 동예, 삼한(마한, 진한, 변한)과 같은 여러 국가가 탄생했다.

부여, 만주를 지배하다

고조선 멸망 이후 처음 생겨난 국가는 부여이다. 부여는 만주의 송화강(쑹허강) 유역의 평야 지대를 중심으로 발전했다. 농경과 목축이 주된 경제 활동이었고, 말·주옥·모피 등이 특산물이었다.

부여는 일찍부터 5부족이 연합한 연맹 왕국의 단계로 발전했다. 왕 아래에 '가(加)'라고 불리는 부족장이 있었다. 가축의 이름을 딴 마가, 우가,

주옥
아름다운 구슬과 옥을 말한다.

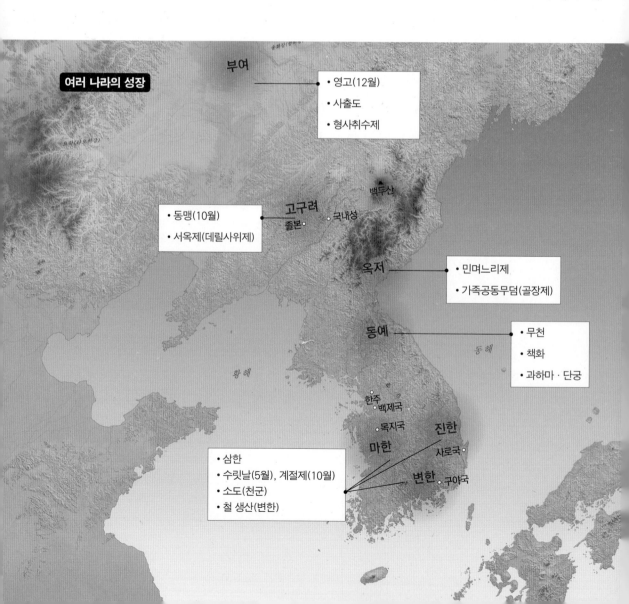

여러 나라의 성장

부여
• 영고(12월)
• 사출도
• 형사취수제

고구려
졸본 국내성
• 동맹(10월)
• 서옥제(데릴사위제)

백두산

옥저
• 민며느리제
• 가족공동무덤(골장제)

동예
• 무천
• 책화
• 과하마 · 단궁

요하(랴오허강)

송화강(쑹허강)

황해

동해

한주
백제국
목지국
마한
진한
사로국
변한 구야국

• 삼한
• 수릿날(5월), 계절제(10월)
• 소도(천군)
• 철 생산(변한)

저가, 구가는 사출도라는 4개의 행정 구역에서 각자 자기 부족을 직접 다스렸다. 이 부족장 세력들은 자연 재해가 발생하거나 흉년이 들면 왕에게 책임을 물어 왕을 쫓아내거나 죽이기까지 했다.

부여에는 순장이라는 장례 풍습이 있다 왕이 죽으면 사람들을 껴묻거리와 함께 묻었다고 한다. 이는 부여 사람들이 현실에서의 관계를 사후 세계에서도 이어진다고 믿었기 때문이다.

고조선에는 8개의 법 조항이 있었는데, 부여는 어땠을까? 부여에도 비슷한 법이 있다. 사람들이 엄격한 법 아래에서 안전하게 생활할 수 있도록 했다고 한다. 그리고 12월에 열리는 제천 행사인 영고가 있었는데 1년 중 가장 큰 행사였다. 이 때에는 노래와 춤을 즐기고 죄인들은 풀어주기도 하면서 공동체의 단결을 강화했다.

또한 부여는 전쟁이 일어나면 하늘에 제사를 지내고 소를 죽여 그 발굽으로 점(우제점복)을 쳤다고 한다. 부여 사람들은 흰옷을 즐겨 입어서 백의민족이란 말이 나왔다. 또한 형이 죽으면 동생이 형수를 아내로 맞아들이는 형사취수제가 있었는데, 이 제도는 고구려에도 있었다.

초기의 부여는 고구려와 평화 관계를 유지하였으나 고구려가 성장하면서 점차 대립했다. 그러다가 5세기말 결국 강력해진 고구려에 편입된다(494년). 부여는 비록 연맹 왕국 단계에서 멸망했지만 고구려나 백제의 건국 세력이 스스로를 부여 계통임을 자처한 것으로 보아 역사적 의미가 큰 나라라고 할 수 있다.

주몽, 고구려를 세우다

고구려는 부여에서 갈라져 나온 주몽이 압록강 지류인 혼강(훈장강) 유역의 졸본(환인) 지역에 세운 나라이다. 졸본 지역은 산악 지대로 농사를 짓기가 어려웠기 때문에 고구려는 비옥한 영토를 차지하기 위해 일찍부터 활발한 정복 활동을 펼치면서 성장했다.

고구려도 부여처럼 초기에는 5부족으로 이루어진 부족 연맹체에서 출발했다. 왕 아래에는 상가, 고추가 등 대가가 있어 각기 자기 부족을

사출도와 윷놀이
부여의 정치 제도는 전통 놀이인 윷놀이로 계승됐다. 윷놀이의 도(돼지), 개(개), 걸(양), 윷(소), 모(말)는 동물 이름으로 부여의 5명(저가, 구가, 우가, 마가, 대사) 부족장 명칭에서 유래한 것이라고 한다

껴묻거리(부장품)
죽은 사람을 무덤에 묻을 때 죽은 이를 장식하거나, 죽은 이가 사후 세계에서도 살아 있을 때와 같이 살 수 있도록 같이 껴묻어준 여러 가지 물건이다.

제천 행사
하늘에 제사를 지내는 행사이다.

형사취수제
형이 죽은 뒤 동생이 형을 대신해 형수와 남은 자식들을 가족으로 삼는 혼인 풍습이다. 부여, 고구려, 흉노, 선비와 같은 북방 민족들에게 이런 풍습이 있었다고 한다. 전쟁이 많던 당시에 죽은 사람의 부인과 남은 자녀를 돌보기 위한 방편으로 여겨진다.

다스렸고, 각기 관리인 사자나 조의 등을 두었다고 한다. 그러다가 차츰 5부족이 중앙 행정 단위인 5부로 통합되고 군사권과 외교권이 모두 왕에게 주어지는 고대 중앙 집권 국가로 발전했다. 강력해진 고구려는 동으로 옥저와 동예를 복속시키고 북으로 부여와 대립했다.

고구려 법은 부여의 법과 유사한데, 감옥이 없고 범죄를 지을 경우 귀족들은 제가 회의를 열어 판결에 따라 사형에 처하고 가족들은 노비로 삼았다고 전해진다. 또한, 고구려에는 집집마다 부경이라는 작은 창고가 있어 이 곳에 물건을 보관하는 풍습도 있었다. 그리고 신랑이 신부의 집에서 일정 기간 살다가 신랑 집으로 돌아오는 결혼 풍속인 서옥제(데릴사위제)가 있었다. 부여처럼 형이 죽으면 형수와 혼인하고 남겨진 가족들을 돌보는 형사취수제의 풍습도 있었다.

고구려는 매년 10월에 동맹이라는 큰 제천 행사를 열었다. 이 때 왕과 신하가 건국 시조인 주몽과 어머니 유화 부인을 국동대혈이라는 큰 동굴에서 제사를 지냈다고 전해진다.

현재의 부경(중국 지안)
본집 옆에 설치해 위층에는 잡곡 등을 저장하고 아래층은 외양간으로 사용한 고구려의 창고 시설이다.

참 한국사 이야기

옥저, 민며느리 제도를 실시하다

옥저와 동예는 높은 산맥과 고구려에 가로 막혀 중국 선진 문화의 접촉이 늦었다. 왕이 없이 각 읍락(邑落)은 군장(君長)이 다스렸다. 지역은 함경남도 해안 지방에 걸쳐 있었다. 3세기 무렵 옥저의 인구는 수천여 호였다고 한다. 옥저의 여러 마을은 통일된 세력을 형성하지 못한 채 우두머리라고 할 수 있는 삼로(三老)가 자치적으로 통치했었다.

옥저는 해안 지역에 위치하여 생선, 소금 등 해산물이 풍부했고 평야가 발달하여 농산물도 풍부했다. 언어, 음식과 의복 등이 고구려와 비슷했고, 결혼 풍속은 고구려와 달리 여자가 신랑 집에 가서 생활하는 민며느리 제도가 있었다. 여자가 10세 가량이 되면 양가에서 혼인 약속을 하고 여자는 남자 집으로 가서 생활을 하고 성인이 된 후 여자 집으로 돌아갔다. 이 때 남자 측에서 재물을 보내면 여자는 다시 신랑이 있는 집으로 갔다. 가족이 죽으면 주검을 풀이나 흙으로 덮어 임시로 매장을 했다가 뼈만 추려서 나무 곽에 보관했는데, 이를 골장제라고 한다. 이는 일종의 가족 공동 무덤으로 사후에도 가족을 이루려는 염원이 반영된 풍습이다.

고구려와 옥저·동예 관계
고구려, 옥저, 동예는 서로 같은 계통이다. 동예의 경우 언어, 예절, 풍속이 고구려와 같고 의복만 달랐다고 기록으로 전해진다. 옥저의 경우에도 음식, 가옥, 의복, 예절이 고구려와 흡사했다고 한다

호(戶)
한 가족 또는 한 집을 말하는 단위로 당시 인구를 셀 때는 몇 명보다는 몇 호라고 많이 사용했다.

민며느리 제도
일종의 매매혼으로 장차 아내가 될 것을 전제로 여자가 어렸을 때 남자의 집에 가서 자라 성인이 되면 친정으로 돌아 있다가 남자 측에서 대가를 지불한 후 시집을 가는 것이다. 이러한 풍속은 고려·조선 시대에도 일부 계승됐는데, 여성의 노동력을 중요하게 여겼음을 알 수 있다.

국동대혈(중국 지안)
고구려의 도읍 동쪽에 있던 큰 동굴로 고구려 사람들은 하늘에 제사지낼 때 이곳에서 신(神)을 맞았다고 전해진다.

동예의 민무늬 토기(춘천박물관)

동예, 무천행사를 하다

동예는 오늘날 강원도의 북부 지방에 위치했었다. 인구는 2만 여 호이고 스스로를 고구려와 같은 족속이라 했다. 대략 2세기 후반에는 고구려에 완전히 복속됐다.

동예도 옥저처럼 바닷가에 위치하고 평야가 넓어 해산물과 농산물이 풍부했고, 사람들은 농사를 주업으로 했다고 한다. 누에를 쳐서 생산한 명주(비단)와 삼베를 이용한 방직 기술이 발달했다. 특산물로는 작지만 힘이 좋은 말인 과하마와 박달 나무로 만든 단단한 활로 우리 나라 목궁의 시초인 단궁이 유명했다.

책화라는 제도가 있어 산과 강을 경계로 부족마다 구역을 나눠 함부로 다른 지역에 들어가지 않았다. 만약 이를 어길 경우 노예나 말·소 등으로 보상했다. 살인한 자는 사형에 처하고, 호랑이를 섬겼으며 도적이 별로 없었다고 한다. 10월에는 하늘에 제사를 지내고 밤낮으로 먹고 마시며 춤을 추었는데, 이를 무천이라고 한다.

삼한, 제정 분리 사회를 이루다

삼한은 한반도 중부 이남 지역에 위치했다. 이 지역은 고조선 시대에는 '진(辰)'이라 불리는 세력이 있었는데, 충남과 전라도 일대에 농업 경제를 기반으로 있었던 집단으로 여겨진다. 고조선 멸망 후 이주해온 집단을 통해서 철기 문화를 받아들이고 마한·진한·변한 연맹체를 형성하게 되었다. 따라서 삼한은 그 자체가 나라 이름이 아니라, 마한·진한·변한의 세 연맹체를 합쳐서 부르는 것이다.

마한은 가장 큰 연맹체로 54개국 10여 만 호가, 변한과 진한은 각각 12개국으로 4~5만여 호가 있었다고 한다. 소국은 국읍을 중심으로 다시 몇 개의 읍락으로 구성됐는데, 국읍이란 세력이 강한 대읍락으로 보면 될 것이다. 읍락의 중심은 하천이나 구릉 지대에 위치했고 목책, 환호 등의 방어 시설도 있었다.

세력이 가장 컸던 마한이 삼한을 이끌었는데 그중에서도 목지국의 지

환호
마을 주변을 둘러싼 인공적인 도랑. 적의 공격, 야생동물로부터 마을을 보호하기 위한 장치였다.

배자가 마한왕 또는 진왕이라 불렸다. 나머지 나라들은 군장들이 다스렸다.

삼한은 철기 문화를 수용하면서 정치 지도자와 종교 지도자가 분리되었는데 종교를 주관하는 제사장인 천군(天君)이 다스리는 소도라는 특수 지역이 있었다. 이 소도 지역은 정치 지도자인 군장의 세력이 미치지 못하는 곳으로 도둑이나 살인자가 들어가면 제사장인 천군의 허락 없이는 함부로 잡아갈 수 없었다.

삼한은 벼농사가 발달했다, 이는 당시 이 지역에 저수지가 많이 만들어진 데에서 알 수 있다. 김제 벽골제, 밀양 수산제, 제천 의림지 등이 당시부터 만들어진 대표적인 저수지이다. 저수지와 제방을 통해 물을 쉽게 확보함으로써 벼농사는 더욱 안정적으로 이루어졌다.

의림지(충북 제천)
충청북도 제천에 있는 저수지로 둘레 약 2km, 깊이 8~13m이다. 우리나라에서 가장 오랜 역사를 가진 저수지이다. 신라 진흥왕 때 우륵이 처음 제방을 쌓았다는 기록이 있으나 실제로는 기원전 삼한 시대부터 있었던 것으로 여겨진다.

삼한에서는 5월에 수릿날과 10월에 계절제(상달제)라 하여 신에게 제사지내는 제천 행사가 있었다. 다른 초기 국가들과 마찬가지로 제천 행사 기간에는 음주 가무를 즐겼다. 짚신 또는 가죽신을 신었고, 구슬을 소중하게 여겨 구슬을 귀걸이와 목걸이로 달았다. 삼한은 한반도에서 가장 평야가 발달한 지역에서 형성되어 일찍부터 농업이 발달했다. 또한 변한의 경우는 철의 생산이 많아 철을 화폐처럼 사용했고 낙랑, 왜 등지에 수출도 했다.

소도와 솟대 모형
소도는 신성한 곳으로 하늘의 신에게 제사지내는 곳이었다. 그래서 하늘과 땅을 연결하는 존재인 기러기(오리)를 앉혀 놓은 장대를 세워 신성한 곳임을 표시했는데 그것이 지금도 볼 수 있는 솟대의 유래이다.

수산제(경남 밀양)
경상남도 밀양에 있는 저수지로 삼한시대에 만들어졌다. 제방의 길이는 728보, 둘레는 20리(약 8km)나 된다. 김제 벽골제·제천 의림지와 함께 우리나라의 3대 저수지로 불린다. 삼한 시대에 벼농사 기술이 이미 높은 수준에 있었음을 알 수 있게 해주는 유적이다.

단아 낭자와 쌍룡 이야기

통일 신라 원성왕 때의 이야기이다. 쌓은 지가 오래되어 무너지기 직전에 있던 벽골제를 보수하기 위하여 기술자인 원덕랑을 급히 이곳에 파견했다. 그런데 벽골제 주위에는 예로부터 청룡과 백룡이 살았다고 한다. 백룡은 백성들이 농사를 잘 지을 수 있도록 천재지변을 막아주고 벽골제를 지켜주었는데 반해, 청룡은 백성들을 괴롭히고 갖은 피해를 주었다. 벽골제를 보수할 때도 이 청룡이 심술을 부리기 시작했다. 공사를 하지 못하도록 폭우를 내리며 천둥과 번개를 치고, 제방을 헐려고 했다. 결국 벽골제를 두고 두 용의 싸움이 시작됐는데, 백룡은 사나운 청룡을 당해낼 수가 없었다. 이에 백성들은 청룡의 노여움을 풀어 주려면 처녀를 바쳐야 한다고 생각했다. 당시 김제 태수는 자기 딸인 단야가 원덕랑을 좋아하자 그를 찾아온 약혼녀 월내를 청룡에게 바치기로 했다. 그러나 단야는 자신이 그녀 대신 제물이 되기로 결심하고 제물이 됐다.

단야의 거룩한 희생 정신에 감복한 청룡은 벽골제에서 물러나고 사람을 제물로 바치는 악습도 없어지게 되어 평화를 찾게 됐다. 또한, 월내 대신 단야가 희생됐다는 사실을 뒤늦게 안 백성들은 청룡이 살던 곳에 배를 띄우고 그녀의 넋을 위로 했다고 전해지고 있다.

벽골제 제2수문 장생거(전북 김제)
전라북도 김제에서 남아 있는 백제 시대의 저수지이다. 우리나라 최대의 고대 저수지로 백제의 제11대 비류왕 27년(330)에 축조된 것으로 알려져 있다. 벼농사에 이용한 저수지의 수문으로 수문의 폭이 4.2m, 여기에 사용된 돌기둥의 높이는 5.5m, 무게는 약 8톤에 달한다. 당시의 토목 기술과 농사 수준이 고도로 발달됐음을 알 수 있다.

벽골제 쌍룡

신라 금관
신라의 금관 중 가장 화려한 유물로 평가 받는 천마총 금관이다. 넓은 관테에 3개의 나뭇가지 모양과 2개의 사슴뿔 모양 장식을 접합하여 만든 전형적인 신라 금관 형태이다. 신라의 금 세공 기술이 얼마나 뛰어난지 짐작할 수 있다.

II

삼국의
성립과 발전

고구려, 백제, 신라의 삼국은 각기 영토를 확장하면서 왕위 세습, 율령 반포, 불교 수용 등을 배경으로 중앙 집권 국가 체제를 확립하여 고대 국가 체제를 마련하였다. 낙동강 유역에서 성장한 금관가야 등 6가야 연맹도 주변의 삼국과 경쟁하면서 국가 발전을 도모하였으나 6세기에 신라에 병합되었다. 고구려는 중국의 침략을 잇달아 막아내어 민족의 방파제 역할을 하기도 하였고, 백제는 해외 진출에 큰 역할을 하였다. 6세기에 강국으로 성장한 신라는 당과 연합하여 백제(660년)와 고구려 (668년)를 차례로 멸망시키고, 이어 당나라 세력을 몰아냄으로써 마침내 삼국 통일을 달성하였다(676년). 한편, 고구려 유민들은 대조영을 중심으로 발해를 건국하여(698년) 만주 지역과 한반도 북부 지역을 계속해서 지배하였다. 이로써 신라와 발해는 '남북국 시대'를 이루며 발전해 나갔다.

한편, 삼국은 여러 부족을 통합하는 과정에서 귀족, 평민, 천민으로 구분되는 신분 제도를 마련하였다. 또한, 지배층은 특권을 유지하기 위하여 율령을 제정하였고, 신라의 골품 제도와 같은 개인의 능력보다는 친족의 사회적 지위가 중시되는 신분 질서를 구축하였다. 삼국 시대에는 철제 농기구 보급, 우경 실시 등으로 농업이 발달하고, 농민 생활도 점차 향상되어 갔다. 삼국 통일 이후에는 인구 증가와 영토 확장 등에 힘입어 농업 생산력이 더욱 증대되었고, 상업과 수공업, 무역 활동도 활발하게 전개되었다.

7세기 후반 통일신라는 전제 왕권 체제를 마련하였고 삼국의 문화를 융합하고, 당과 서역의 문화를 수용하여 고대 문화의 수준을 향상시켰다. 발해는 고구려 문화 기반 위에서 당 문화를 적극 받아들여 독자적인 문화를 이룩하였다. 사원, 탑, 불상 등 불교 예술품을 비롯하여 고분 건축, 금속 공예, 첨성대, 목판 인쇄본 등 다양한 문화유산을 통해 수준 높은 고대 문화를 이룩해 갈 수 있었다.

그때 우리는

372	고구려, 불교 수용
433	나 · 제 동맹 성립
552	백제, 일본에 불교 전함
612	고구려, 살수대첩
660	백제 멸망
668	고구려 멸망
676	신라, 삼국 통일 완성
698	대조영, 발해 건국
751	불국사와 석굴암 창건
828	장보고, 청해진 설치
918	고려 건국
936	고려, 후삼국 통일

그때 세계는

313	로마, 크리스트교 공인
395	로마 제국, 동서 분열
486	프랑크 왕국 건국
537	성 소피아 대성당 건립
610	마호메트, 이슬람교 창시
618	당 건국
645	일본, 다이카 개신
661	옴미아드 왕조 성립
755	당, 안 · 사의 난
771	카롤루스 대제, 프랑크 왕국 통일
829	잉글랜드 왕국 성립
916	거란, 요 건국

01

삼국과 가야,
사국(四國) 시대를 열다

오녀산성(졸본성 · 흘승골성)(중국 환렌)

주몽이 나라를 세운 졸본성에 있는 산성으로 높이 820m이다. 서 · 북 · 동쪽에 절벽이 있으며 중앙에 평지가 있는 천연의 요새이다. 그러나 산꼭대기에 위치하다보니 여러 가지 어려움이 있어 평지성을 별도로 두었다. 이는 도읍지에 산성과 평지성이 함께 있는 도성 체제의 기원을 이루게 됐다.

수로왕릉(경남 김해)

금관가야의 시조인 김수로왕의 무덤이다. 가야의 건국 이야기를 보면 가야 지역에 아홉 부족장이 있던 시절, 하늘에서 소리가 들리고 6개의 알이 담긴 금 상자가 내려왔다고 한다. 6개의 알에서 아이들이 태어났는데, 가장 큰 알에서 태어난 아이가 왕위에 올라 나라 이름을 대가락국이라고 하였다고 한다. 그 아이가 바로 김수로왕이다.

1. 알에서 태어난 주몽, 고구려 건국의 주인공이 되다

삼국 중 가장 먼저 국가 체제를 정비한 나라는 고구려였다. 부여에서 남하한 주몽 세력이 압록강 지류인 혼강(훈장강)의 졸본 지역에서 토착 세력과 연합하여 고구려를 건국했다(기원전 37년).

고구려는 산악 지대에 위치하여 농토가 부족했기 때문에 어려움이 많았다. 건국 초기부터 정복 전쟁을 활발히 벌이며 발전하던 고구려는 주몽에 이은 제2대 유리왕 때 도읍을 국내성(통구)으로 옮겼다. 압록강 중류 유역에서 일어난 고구려는 기원전 1세기 경 그 주역의 맹주국으로 떠올랐다.

맹주국
일정한 지역이나 관련이 있는 여러 나라 중에서 우두머리가 되는 국가를 말한다.

국동대혈 입구 통천동(중국 지안)
국내성에서 동쪽으로 17km 떨어진 높은 산 중턱에 있는 동굴이다. 해마다 10월이면 고구려 왕은 군신들을 거느리고 이곳에서 제사를 지냈다고 한다. 『후한서』 동이전에는 "10월에 하늘에 제사지내며 크게 모이니 이름을 동맹이라 한다. 그 나라 동쪽에 큰 동굴이 있다 수신이라 부르는데, 역시 10월에 맞이하여 제사지낸다"라는 기록이 있다. 10월에 열린 고구려의 동맹은 일종의 추수감사제였으며, 이때 이 동굴을 성스러운 곳으로 여겼다.

더 알아보기

고구려 건국 이야기

추모왕(주몽)이 나라를 세우셨다. 추모왕은 북부여에서 나오셨다. 천제의 자손이며, 어머니는 하백의 딸이었다. 알을 깨고 세상에 태어나니 성인의 자질이 있었다. …… 수레를 몰아 남쪽으로 내려오니 부여의 엄리대수에 이르렀다. 왕이 나루에서 "나는 천제의 자손이고 어머니는 하백의 딸인 추모왕이다. 나를 위해 거북이는 떠올라 다리를 놓아라" 하고 명령하였다. 곧 소리에 응하여 거북이가 떠올라 다리를 놓아 강을 건넜다. 비류곡 홀본의 서쪽 산 위에 성을 쌓아 도읍을 세웠다. 왕은 왕위에 있는 것을 좋아하지 않았다. 하늘이 황룡을 내려 보내 왕을 맞이하니 왕이 홀본의 동쪽에서 용을 타고 하늘로 올라가셨다. 세자 유류왕에게 유언으로 명하여 나라를 도리로써 잘 다스리도록 하였다. 대주류왕은 나라의 기초를 이어 받았고 17세손인 국강상광개토경평안호태왕에 미치게 되었다.

「광개토대왕릉비」

2. 주몽의 아들 온조, 백제를 세우다

백제의 건국 이야기는 고구려에서 시작한다. 백제의 시조인 온조와 형인 비류는 고구려를 건국한 주몽과 졸본왕의 딸 사이에 태어났다. 그러나 주몽의 첫째 아들인 유리가 북부여에서 아버지를 찾아와 태자가 됐다. 이에 비류와 온조는 함께 남쪽으로 내려와 형인 비류는 미추홀(인천)쪽으로, 동생 온조는 하남 위례성(한강 지역)쪽으로 가서 십제(十濟)라는 나라를 세웠다(기원전 18년).

이후 온조가 형의 세력을 통합하여 나라를 키우고 '십제(十濟)'에서 '백제(百濟)'로 나라 이름을 고쳤다. 즉 고구려를 세운 주몽의 아들 온조가 남하하여 한강 근처인 위례성에 도읍을 정하고 건국한 나라가 백제이다. 실제로 백제 시대 초기의 대형 돌무지무덤은 고구려의 무덤과 거의 흡사한 형태인데, 이를 통해 백제와 고구려가 밀접한 관계를 가진 것을 알 수 있다.

숭렬전(경기 광주)
남한산성에 있는 온조의 사당이다.

더 알아보기

백제의 건국 이야기

백제의 시조 온조왕은 그 아버지가 추모(鄒牟)니 혹은 주몽이라고도 한다. 주몽은 북부여에서 도망하여 졸본부여로 왔는데, 졸본부여의 왕은 아들이 없고 세 딸만 있었다. 주몽이 보통 인물이 아님을 알고 그의 둘째 딸로 아내를 삼았다. 얼마 아니하여 졸본의 부여왕이 돌아가니 주몽이 그 자리를 이었다. (주몽이) 두 아들을 낳았는데 장자는 비류라 하고 둘째 아들은 온조라 하였다. ○ 주몽이 북부여에 있을 때 낳은 아들인 유리가 와서 태자가 되자 비류와 온조는 태자에게 용납되지 못할까 두려워하여 마침내 오간·마려 등 10명의 신하와 함께 남쪽으로 내려왔는데, 따라오는 백성이 많았다. 드디어 북한산에 이르러 부아악(삼각산)에 올라 가히 살만한 곳을 바라보았다. … 비류는 듣지 않고 그 백성을 나누어 미추홀(인천)로 가서 살았다. 온조는 하남위례성에 도읍을 정하고 10명 신하로 도움과 보필을 받아 국호를 십제(十濟)라 하였다. … (비류의) 백성들이 모두 위례에 돌아왔다. 올 때에 백성이 (모두) 즐겨 좇았으므로 후에 국호를 백제라고 고쳤다. 그 대대로 내려오는 계보가 고구려처럼 같이 부여에서 나왔기 때문에 부여로 성씨를 삼았다.

(『삼국사기』 백제본기)

3. 박·석·김 3성, 신라 시조가 되다

신라는 경주 평야에 있던 진한 12국 중 하나인 사로국에서 시작했다. 『삼국사기』 기록에 의하면 삼국 중 가장 먼저인 기원전 57년에 세워졌다고 한다. 그러나 대부분의 학자는 신라의 건국이 가장 늦었다고 생각하고 있다.

신라는 박·석·김 3성의 건국 이야기에서 볼 수 있듯이 여러 세력 집단이 연합하여 이루어진 나라였기 때문에 국가적 통합이 비교적 늦었다. 신라는 사로 6촌이라는 6개의 촌락으로 구성되어 있다가 6촌이 연맹체를 형성하여 사로국이 됐다.

더 알아보기

초기 신라의 왕호

사로국 최초의 우두머리인 혁거세라는 칭호는 '거서간'으로 부족장의 뜻을 가지고 있다고 여겨진다. 이어 '차차웅'이라 불렸는데, 이는 무당이라는 뜻으로 제사장을 뜻한다. 이후 다시 '이사금'이라 불렸는데, 이는 나이가 많은 사람을 의미한다. 이사금 시대의 왕위는 유력한 부족 출신 중에서 선출됐다. 이것이 바로 박·석·김의 3성이 교대로 왕위에 올랐다고 말하는 이유이다.

왕호	시기	의미
거서간	1. 박혁거세	군장
차차웅	2. 남해	제사장
이사금	3. 유리~16. 을해	연장자
마립간	17. 내물~21. 소지	대군장
왕	22. 지증왕	중국식 왕호
	23. 법흥왕~28. 진덕여왕	불교식 왕호
	29. 무열왕~56. 경순왕	중국식 시호

나정(경북 경주)
경상북도 경주 탑동에 있는 신라 시조 박혁거세의 탄생 전설이 깃들어 있는 우물이다.

신라의 건국 이야기

【박혁거세 신화】 고허촌장의 소벌공이 양산 기슭을 바라보니 나정 옆 수풀 사이에서 말이 꿇어앉아 울고 있으므로 가서 보니 홀연히 말은 보이지 않고 다만 큰 알이 있다 이를 가르니 어린아이가 나왔으므로 데려다 길렀다. 10여 세가 되자 뛰어나고 숙성하여 6부 사람들이 그 탄생을 신비스럽고 기이하게 여겼으므로 높이 받들었는데 이에 이르러 세워 임금을 삼았다. 진나라 사람들이 호(瓠)를 박(朴)이라 하므로 처음의 큰 알이 호와 같아 박을 성으로 삼았다.

(『삼국사기』 권1, 신라본기 1, 시조 혁거세거서간)

【김알지 신화】 9년 봄 3월에 왕이 밤에 금성 서쪽 나무 사이에서 닭이 우는 소리를 들었다. 날이 밝기를 기다려 호공을 보내어 보니 금색의 조그만 함이 나뭇가지에 걸려 있고 흰 닭이 그 아래에서 울었다. 호공이 돌아와서 고하니 왕이 사람을 시켜 함을 취하여 열게 하였더니 조그만 사내아이가 그 중에 있었는데 모습이 뛰어났다. 임금이 기뻐 좌우에 이르기를 이는 어찌 하늘이 나에게 자손을 내린 것이 아니겠는가 하였다. 이에 데려다 길렀는데 자라면서 총명하고 지략이 많았다. 이름을 알지라 하고 금으로 만든 상자에서 나왔으므로 성을 김(金)씨라 하고 시림을 고쳐 계림으로 명하였는데 인하여 이로써 국호를 삼았다.

(『삼국사기』 권1, 신라본기 1, 탈해이사금)

4. 김수로의 금관가야, 가야 연맹을 주도하다

가야는 낙동강 하류 유역의 서쪽 지역에서 일어났다. 설화에 따르면 하늘에서 6개 알이 내려와 6명의 아이가 탄생했는데, 가장 먼저 알을 깨고 나온 김수로가 가락국의 왕이 됐고, 나머지 5명의 아이는 각각 5가야의 왕이 되었다고 한다.

5가야는 대가야, 성산가야, 아라가야, 고령가야, 소가야였고, 김수로의 가락국은 금관가야였다. 6가야는 원래 변한이라고 불리웠는데, 1세기 무렵 금관가야를 중심으로 연맹체를 형성하기 시작했다.

구지봉

9간들이 이르되 우리가 여기 있다 하였다. 또 말하기를 여기가 어디이냐. 대답하되 구지(龜旨)라 하였다. 또 말하되 하늘이 나에게 명하기를 이곳에 와서 나라를 새롭게 하여 임금이 되라 하였으므로 이곳에 일부러 내려왔으니 너희는 마땅히 봉상(峯上)에서 흙을 파면서 노래하여 "거북아 거북아 머리를 내밀지 않으면 구어 먹으리라"하고 춤을 추면서 대왕을 맞이하여 …… 이튿날 마을 사람들이 다시 모여 합을 여니, 여섯 알이 변하여 동자가 되었는데 용모가 매우 깨끗하므로 상에 앉히고 여럿이 절하고 극진히 위하였다. 나날이 자라 10여 일을 지나매 신장이 9척이나 되었으니 …

그달 보름날에 즉위하였다. 처음으로 나타났다고 하여 이름을 '수로'라 하고 혹은 '수릉'이라 하며 나라를 '대가락', 또는 '가야국'이라고도 일컬으니 곧 6가야의 하나요 나머지 5인은 각각 가서 5가야의 임금이 되었다

『삼국유사』 권2 기이 가락국기

구지봉(경남 김해)
가야의 건국 이야기가 깃든 곳으로, 김해 구산동에 있는 거북이 머리 모양의 작은 산봉우리이다.

02.

고구려, 강국으로 군림하다

위. 1930년대의 국내성(중국 지안) / 아래. 현재의 국내성

유리왕 때 졸본에서 천도하여 427년 장수왕의 평양 천도 전까지 약 400년 동안 고구려의 도성이었다. 이 사진에서 보듯이 1930년대에는 9m 높이의 성곽 형태를 볼 수 있지만, 지금은 3m정도만 남아 있는 현실이다.

1. 고구려, 국가의 틀을 마련하다

졸본에서 시작한 고구려는 곧바로 압록강 유역 집안(지안)의 국내성으로 도읍지를 옮겼다. 이어 1세기 후반 태조왕 때는 동해안으로 진출하여 물자가 풍부하고 토지가 비옥한 옥저와 동예를 정복했다.

고구려는 초기 건국 중심지인 압록강 중류를 벗어나면서 중국과 충돌하기 시작했다. 그러나 미천왕 때 이르러 한반도에서 중국의 군현 세력을 완전히 몰아냈다. 이로써 고구려는 남으로 풍요로운 대동강 유역을 차지하여 경제적 성장도 크게 할 수 있었다.

고국천왕 이후 왕권을 강화하여 왕위 계승도 형제 상속에서 부자 상속으로 바꾸었다. 이는 왕권이 그만큼 강해졌다는 것을 의미한다. 한편, 고구려와 백제 간의 전쟁은 4세기 후반 본격화됐다. 고국원왕이 백제의 국경을 공격했으나 실패했고, 오히려 백제의 근초고왕이 3만 대군을 이끌고 평양성을 공격하여 고국원왕을 전사시켰다.

고국원왕의 뒤를 이은 소수림왕은 국가의 틀을 잡기 위해 노력했다. 그는 삼국 중 처음으로 불교를 수용하여 백성들의 마음을 하나로 모으

군현 세력
중국 한나라가 고조선을 멸망시키고 그 지역을 통치하기 위해 두었던 세력이다. 한(漢) 군현이라고도 한다.

환도산성 성벽(중국 지안)
환도산성은 고구려가 국내성으로 수도를 천도하면서 적의 공격에 대비하기 위해 국내성에서 가까운 산에 축조한 산성이다.

고자 했다. 또한 수도에 태학을 설립하여 뛰어난 인재를 키우고 왕권을 강화했으며, 율령을 반포하여 국가 조직을 정비했다. 이로써 고구려는 중앙 집권 체제를 더욱 강화하여 새로운 발전의 토대를 마련하게 됐다.

5세기 고구려의 전성기

2. 영토를 크게 넓히고 강국으로 우뚝 서다

고구려는 소수림왕 때의 내정 개혁을 바탕으로 광개토대왕과 장수왕 때에 이르러서는 적극적인 정복 사업을 펼쳤다. 광개토대왕은 북으로 여러 나라를 공략하고 남으로 백제에 대한 대대적인 공격에 나섰다. 이무렵 한반도 남부에는 가야와 왜가 힘을 합쳐 신라를 위협하고 있었다. 이에 광개토대왕은 신라에 침입한 왜를 물리치고, 금관가야까지 공격함으로써 한반도 남부까지 영향력을 미쳤다.

고구려의 전성 시대를 열었던 광개토대왕의 업적은 만주 집안(지안)에 있는 광개토대왕릉비에 잘 기록되어 있다. 광개토대왕이 죽은 뒤 사람들은 그를 영토를 크게 넓힌 고구려의 위대한 임금이란 뜻의 '국강상광개토경평안호태왕'이라 칭송하며 왕의 업적을 기렸다.

광개토대왕(廣開土大王)
한자로는 '넓은 (廣) 열(開) 흙(土) 큰(大) 임금(王)'으로, '넓은 땅을 정복한 위대한 왕'이라는 뜻이다.

광개토대왕릉비(중국 지안)
고구려 제19대 광개토대왕의 업적을 기념하기 위하여 아들인 장수왕이 세운 비석으로 높이가 6.39m이다. 묘호인 국강상광개토경평안호태왕(國岡上廣開土境平安好太王)의 마지막 세 글자를 본떠서 '호태왕비'라고도 한다. 412년 광개토대왕이 세상을 뜨자, 414년 능에 옮겨 묻고 생전의 공적을 기록한 비를 세운 것이다. 비문의 내용은 추모왕(주몽)의 건국 신화를 비롯하여 대주류왕(대무신왕)으로부터 광개토대왕에 이르는 역사와 왕의 약력 및 비의 건립 이유가 담겨 있다. 광개토대왕은 재위 기간 중 64개의 성과 1,400여 곳의 촌락을 점령했다고 기록되어 있다.

충주 고구려비 (충북 충주)

충주시 (당시는 중원군 가금면)에서 발견된 고구려
가 남쪽으로 영토를 확장한 것을 기념한 비로 일명
'중원 고구려비'라고도 한다. 국내에 유일하게 남아
있는 고구려 비로, 장수왕이 남한강 유역의 여러 성
을 공략하여 개척한 후 세운 기념비다. 근래에 충주
고구려비 전시관을 지어 옮겼다.

광개토대왕의 뒤를 이은 장수왕(長壽王)은 이름 그대로
98살을 살고 79년을 재위했다. 그는 광개토대왕의 위업을
계승하여 고구려의 전성기를 확고히 했다. 장수왕은 영토
가 늘어나자 다시 국가 체제 정비의 필요성을 느끼고 적
극적으로 남진 정책을 추진했다. 그는 수도를 국내성에서
대동강 유역의 평양으로 옮겼고(427년), 그 여세를 몰아 백
제와 신라를 압박했다. 북진 정책을 추진하던 백제와는
충돌할 수밖에 없었다.

백제는 이에 신라와 동맹(나·제 동맹)을 맺어 고구려에 대
항했다. 허나 고구려의 장수왕은 군대를 보내 백제를 공
격하여 백제의 개로왕을 사로잡아 죽였다. 이로써 고구려
는 한강 유역뿐만 아니라 지금의 충청도 일부 지역까지 차
지하며 삼국 간 항쟁의 주도권을 잡게 됐다. 이처럼 5세기
무렵에 고구려는 한반도 중부 지방과 요동을 포함한 만주

온달산성 (충북 단양)

충북 단양에 위치한 삼국 시대의 산성이다. 삼국 간의 치열했던 전투가 있었던 곳으로 한강을 차지하기 위한 전초 기지였다. 고구려 평강공주의
남편이자 평원왕의 사위인 온달 장군이 신라군과 싸우다가 이곳에서 전사했다는 전설이 전해온다.

일대 땅을 차지하여 동북아시아의 최강대국으로 위세를 떨쳤다.

　이후 고구려는 북쪽 국경에서 중국과의 큰 전쟁을 계속하게 되면서 한강 유역을 신라에게 빼앗겼다. 고구려는 이를 다시 찾기 위하여 여러 차례 군대를 보내 신라의 북쪽 변경을 공략했다. 평원왕의 사위 온달 장군이 신라를 공격했으나 뜻을 이루지 못하고 아단성(현재 아차산성으로 추정)에서 전사한 일은 오늘날 바보 온달 이야기로 전해진다.

온달 (? ~ 590년)
평원왕의 사위로 중국 후주와의 전투에서 이름을 날렸다. 신라와의 싸움에 앞서 "계립현과 죽령 서쪽의 땅을 우리가 차지하지 않으면 돌아오지 않겠다"라는 비장한 각오로 출정하였다고 한다. 온달이 바보였다는 이야기는 훗날 덧붙여진 이야기고, 온달 장군은 고구려의 새로운 군인 세력으로 보고 있다.

3. 고구려, 중국의 침략을 물리치다

1) 수나라의 대군을 물리치다

　중국 대륙에서 수나라는 남북조로 분열되었던 중국을 300여 년만에 다시 통일했다(589년). 이에 고구려는 수의 침입을 예상하고 미리 전략상 유리한 지역을 차지하기 위해 요하(랴오허강) 강을 건너 요서 지방을

아차산성(서울 광진)
산의 정상부를 둘러싸며 쌓은 테뫼식 산성으로 아차산성·아단성·장한성·광장성 등으로도 불린다. 백제가 고구려의 남진을 대비하기 쌓았다고 한다. 근래 발굴 결과 고구려 유적이 많이 출토됐다. 이 산성은 한강을 사이에 두고 남쪽 맞은편에 있는 풍납토성과 함께 가장 중시된 성곽이었던 것으로 보인다. 백제가 고구려에 함락됐을 때 이 성 아래에서 백제 개로왕이 죽임을 당했고, 고구려 평원왕의 사위인 온달(?~590)이 죽령 이북의 잃었던 땅을 다시 찾기 위하여 신라군과 싸우다가 이 성 아래에서 전사했다는 이야기가 전해지고 있다.

먼저 공격하기도 했다. 고구려의 영양왕이 "어차피 피할 수 없는 전쟁이라면 선제공격이 유리하다"고 판단하여 수의 기지를 공격한 것이다. 이에 수나라를 건국한 문제는 육군과 수군 30만 명을 동원하여 고구려를 공격했으나 전염병, 홍수 등으로 고전하여 요하에 도달하지 못하였다. 수군 역시 풍랑을 만나 아무런 소득없이 돌아가고 말았다. 이후 고구려의 사과로 두 나라는 전쟁을 중지하고 우호 관계를 맺었다.

수의 문제에 이어 왕위에 오른 양제는 612년 "고구려가 말을 듣지 않으며 자신의 나라에 주변 국가들이 조공하는 것을 방해한다"는 이유를 들어 113만 대군을 이끌고 다시 고구려를 침공했다. 수의 대대적인 침공을 고구려는 요동성에서 수 개월 막아냈다. 그 틈을 노려 수나라의 수군은 바다를 건너 고구려의 수도 평양을 공격하였다. 이에 고구려군은 수

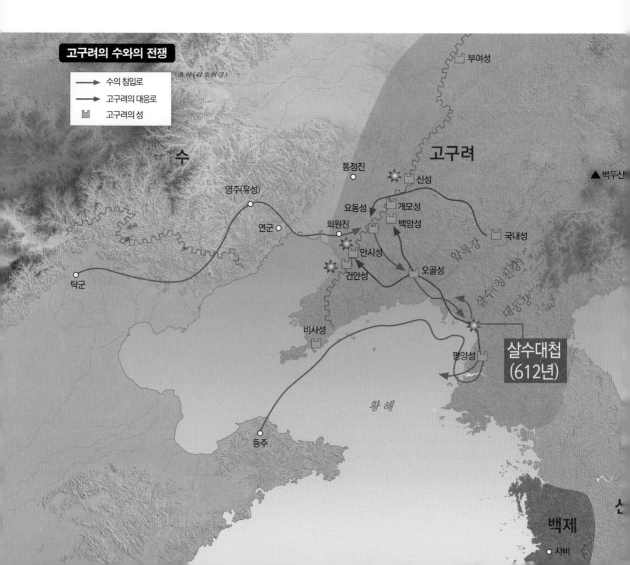

고구려의 수와의 전쟁

→ 수의 침입로
→ 고구려의 대응로
🏯 고구려의 성

수

고구려

요하(랴오허강)

부여성

▲ 백두산

탁군

영주(유성)

연군

회원진

통정진

🏯 신성

요동성

🏯 개모성
🏯 백암성

안시성

건안성

오골성

국내성

압록강

살수(청천강)

대동강

비사성

평양성

살수대첩
(612년)

황해

등주

백제

사비

신

의 수군을 내륙으로 유도해 물리치기로 하고 거
짓으로 패한 척 후퇴하다가 급습을 하여 막대한
피해를 입혔다. 결국 수의 수군은 후퇴할 수밖
에 없었다.

더 알아보기

수나라 장수 우중문에게 보낸 시

신비로운 계책은 하늘의 이치를 꿰뚫고(神策究天文)

기묘한 꾀는 땅의 이치를 터득했네(妙算窮地理)

싸움에서 공로는 이미 높았으니(戰勝功旣高)

족함을 알면 그만두길 바라노라(知足願云止)

한편, 요동지방에 있던 수나라 군대는 요동에
있던 30만의 별동부대로 하여금 평양을 공격하
도록 하였다. 이에 을지문덕은 후퇴, 유도작전을 전개하여 수나라 별동
대를 평양성 근처로 유인하였다. 그리고 수나라 장군 우중문에게 조롱
하는 시를 보내 그를 자극하며 군대를 돌리면 고구려 왕이 수 양제에게
조례하겠다고 통보했다. 결국 수의 군대는 고구려의 수비가 강함을 깨
닫고, 오랜 전쟁으로 인한 피로와 식량 부족으로 후퇴하기 시작했다.

고구려는 이 틈을 타서 수나라군이 살수(청천강)를 건널 때 공격하여 전
멸시켰는데 이 싸움을 살수대첩이라고 한다. 당시 평양 근처까지 온 수나
라의 별동대는 30만 5천 명이었으나 살아 돌아간 수는 2천 7백여 명뿐이
었다고 전해진다.

2) 안시성에서 당의 침략을 물리치다

수나라는 무리한 고구려와의 전쟁과 잇따른 내란으로 멸망하고 이어
당나라가 세워졌다. 당은 건국 초에는 고구려에 대해 우호적이었으나

살수대첩 모형(전쟁기념관)
612년 수나라는 침공 때 고구려의 완강한 저항
으로 우중문·우문술 등을 지휘관으로 한 30
만5천명의 별동대를 편성해 압록강을 건너 평
양성으로 진군하였다. 그러나 을지문덕은 거짓
항복을 하여 수군이 퇴각할 구실을 만들어주는
척하면서 퇴각하는 수군이 살수를 건너고 있을
때 이들을 공격해 큰 전과를 올렸다. 이 때 요동
성까지 살아간 병력은 겨우 2,700명에 불과했
다고 한다.

백암성(중국 요령성 등탑)
고구려와 당나라의 국경 지대에 있었던 성으로 당 태종이 고구려를 침입했을 때 함락 당했다. 오늘날 고구려 성의 원형을 가장 많이 간직하고 있다.

태종이 즉위한 뒤부터 두 나라의 관계가 벌어지기 시작했다. 고구려는 국경 지방에 천리장성을 쌓고 방어 체제를 강화하는 등 당의 침략에 대비했다. 그러던 중 고구려에서는 연개소문이 영류왕을 시해하는 정변을 일으켜서 보장왕을 새로운 왕으로 세우고 권력을 장악했다.

이를 빌미삼아 당 태종은 직접 수 십 만명의 군대를 이끌고 육군과 수군, 양쪽으로 고구려를 공격해 왔다(644년). 당나라 군대는 백암성을 점령하고 안시성을 공격하기 이르렀다.

서쪽 변경의 중요한 요새였던 안시성에서는 군인들과 백성들이 성주인 양만춘과 합심하여 오랫동안 완강하게 저항했다. 당 태종은 60여 일 동안 50만 명이라는 대인원을 동원하여 여러 가지 방법으로 공격했다. 그러나 양만춘을 위시한 고구려 군민의 저항에 결국 태종은 군대를 이끌고 철수할 수 밖에 없었다.

이와 같이 고구려가 수·당과 싸워 그 침략을 막아 낸 것은 고구려 자신을 보호한 것만 아니라 한반도 전체를 중국의 침략으로부터 지켜냈다는 역사적 의의가 있다. 곧 고구려는 우리 민족의 방패 역힐을 한 셈이다.

더 알아보기

안시성 싸움과 양만춘

당나라의 대군을 안시성에서 막아낸 고구려의 영웅 양만춘 장군. 그러나 그의 이름은 나라에서 기록한 공식 역사책에는 나오지 않는다. 천년 후 박지원의 『열하일기』 등 개인의 기록에서만 등장한다. 그래서 양만춘 장군이 과연 실존 인물인지, 실존 인물이었다면 어떤 인물이었으며, 어떻게 살다가 죽었는지, 그 누구도 정확하게 알 수 없다. 비록 안시성 성주의 이름이 양만춘이라는 것이 확실하지는 않지만, 당나라의 대군에 맞서 끝까지 성을 지켜낸 고구려의 백성들과 안시성 성주가 있었다는 것만은 기억해야 할 것이다.

송화강(쑹허강)

고구려의 대당 전쟁

→ 당군의 침입로
→ 고구려의 대응로

요하(랴오허강)

고구려

통정진

현도성

천리장성 축조
(631년~647년)

647년

▲ 백두산

유성

신양

신성

개모성

요동성

백암성

국내성

안시성

645년

건안성

안시성싸움

오골성

평양성

비사성

614년

647년

648년

황 해

등주

신라

당

금성

사비

백제

03

백제,
해상 강국을 이루다

몽촌토성 목책(서울 송파)
서울 송파구 방이동에 있는 백제 초기의 토성터이다. 지리적으로 좋은 곳에 위치해 수비하기 좋고, 견고함으로 보아 풍납토성과 더불어 백제 초기에 중요한 역할을 했음을 짐작해 볼 수 있다.

능산리 고분 내부(충남 부여)
충남 부여에서 발굴된 백제 후기의 왕릉이다. 고분의 벽면에 그려진 벽화를 사신도라 하는데, 북벽에는 현무, 남벽에는 주작, 동벽은 청룡, 그리고 서벽에는 백호가 그려져 있다. 또 천장에는 연꽃과 구름 문양이 그려져 있다.

1. 백제, 삼국의 주도권을 차지하다

한강 하류에서 일어난 백제는 54개 마한 소국 중의 하나였다. 3세기 중엽, 백제는 한강 유역을 장악했고 지방의 유력한 세력을 중앙의 귀족으로 편입시켰다. 그리고 고구려와 마찬가지로 연맹 왕국에서 중앙 집권 국가로 발전을 꾀했다. 고이왕 때는 6좌평을 두고 16관등을 정했고, 관리의 복색과 중요한 법령을 제정하는 등 국가 조직을 정비하며 중앙 집권 국가의 기초를 다졌다.

4세기 후반 근초고왕 때에는 부자 상속에 의한 왕위 계승이 시작됐고, 북으로 황해도 일대를 장악하였으며, 남으로는 현재의 전라도 지역을 확보했다. 그리고 왕이 직접 태자와 함께 3만 명의 군사를 이끌고 고구려 평양성을 공격하여 백제를 침략한 적이 있었던 고구려의 고국원왕을 전사시키기도 했다.

백제는 이러한 활발한 정복 활동과 더불어 강력한 군사력과 넉넉한 경제력을 바탕으로 중국의 요서 지방, 산동 지방에 이어 일본 규슈 지방까지 진출하는 등

풍납토성(서울 강동)
한강변에 남아있는 초기 백제 시기의 토축 성곽으로 원래는 둘레가 4km에 달하는 큰 규모의 토성으로 초기 백제의 하남위례성으로 추정된다.

풍납토성에 출토된 청동자루솥
일제 강점기 홍수가 휩쓸고 지나간 뒤 토성 벽에 박힌 항아리 속에 청동거울 등 다른 종류의 유물과 함께 발견됐다. 이러한 귀중한 유물이 출토되는 것으로 보아 풍납토성이 한성 백제의 수도인 왕성이었을 것으로 추측된다.

백제의 요서 지방 진출설

백제가 중국의 요서 지방에 진출했다는 사실은 『삼국사기』 등의 우리 사서에 보이지 않고 『양서』와 『남서』 등 중국 사서에는 등장한다. 이에 관해서는 긍정설과 부정설 등이 있는데, 아직까지 어느 쪽이 정설인가를 파악할 수 없다. 다만, 백제가 바다를 건너 수만리에 있는 그곳까지 진출할 필요성에 대한 의문과 고고학적 유물도 아직 출토되지 않은 상태여서 앞으로 논의가 더 필요하겠다.

활발한 대외 활동을 벌였다. 당시 백제는 강력한 해상 강국이었고, 특히 일본에 많은 영향을 주었다. 그리하여 근초고왕은 왜왕에게 하사하는 내용을 담은 칠지도를 내리기도 했다.

근초고왕은 이러한 정복 활동 이외에도 박사 고흥으로 하여금 나라의 역사책인 『서기』를 편찬하게 하여 백제의 역사를 기록하게 했다. 그러나 안타깝게도 전해지지는 않는다.

칠지도(일본 이소노카미 신궁)
백제왕이 왜왕에게 선물한 철제 칼이다. 길이가 74.9cm로 칼의 몸 좌우로 가지 모양의 칼이 각각 3개씩 나와 있다 모두 7개의 칼날을 가진 칼이라 하여 칠지도 불린다. 백제와 일본이 서로 긴밀한 관계였음을 알 수 있게 해주는 유물이다.

백제의 전성기(4세기)

- → 교섭로
- → 진출로

요서

고구려
◎국내성

▲백두산

전진

요서 지방 진출

황해

고구려 공격
→ 고국원왕 전사(371년)

☆평양성

동해

우산국

산둥

산둥 진출

백제
◎위례성

신라
◎금성(경주)

남중국(남조)과 교섭

가야
○김해

마한 병합

동진

탐라국

왜

규수

2. 위기를 극복하고, 국가 중흥을 도모하다

백제는 고구려 광개토대왕에게 패배를 겪게 됐고, 뒤이은 장수왕이 평양으로 도읍을 옮기고 적극적인 남진 정책을 펼치자 더 큰 위기를 맞게 됐다. 이에 백제의 비류왕은 신라의 눌지왕과 동맹을 맺고(나·제 동맹, 433년) 고구려에 대항했다.

그러나 고구려 장수왕이 3만의 군사를 이끌고 내려와 백제는 수도인 한성을 비롯한 한강 유역을 빼앗겼으며, 전투 과정에서 개로왕이 사로잡혀 죽임을 당했다. 이 당시 신라에 구원을 요청하러 떠났던 문주는 구원병 1만을 데리고 왔으나 이미 아버지 개로왕이 죽은 후였다. 이에 왕위에 오른 문주왕은 결국 도읍을 웅진(공주)으로 옮길 수밖에 없었다(475년).

공산성 성벽(충남 공주)

공산성 왕궁지(충남 공주)
공산성 내에 있는 추정 왕궁 터이다. 『삼국사기』에 의하면 임류각은 궁의 동쪽에 건립됐다고 기록되어 있다.

한강 유역을 상실한 백제는 대외 팽창이 위축되고 경제적으로도 어려움을 겪었다. 이러한 시련 속에서 중앙 귀족들 간의 권력 다툼은 정치를 더욱 혼란스럽게 했고, 왕권과 국력이 약화됐다.

5세기 후반 백제의 위기 속에 등장한 왕이 동성왕이다. 그는 중국 남제와 수교하여 국제 지위를 회복했다. 이어 그는 신라에 사신을 파견했으며 신라 소지왕과 결혼 동맹을 맺어 고구려의 침략에 대항했다. 또 지금의 제주도인 탐라국을 복속하기도 했다. 그러나 말년에 이르러 대규모의 토목 공사와 흉년 등의 자연재해로 인해 민심이 떠나게 됐고, 반왕파의 귀족 세력에 의해 끝내 살해되는 비운을 맞이했다.

뒤를 이어 즉위한 무령왕은 동성왕을 시해한 귀족 백가의 반란을 진압하고 왕실의 권위를 회복했다. 또한, 지방에 22개의 담로를 설치하고, 이곳에 왕족을 보내 지방 통제력을 강화했다. 외교 정책도 활발히 하여 중국 남조의 양나라와 국교를 맺고 문화 교류에도 힘썼다. 양나라에 파견된 백제 사신에 대한 그림으로는 『양직공도』가 지금까지 전해지고 있다.

이어 고구려에 대한 적극적인 공세를 펴고 국력을 점차 회복함으로써 중흥의 발판이 마련됐다. 왜와의 교류도 활발히 하여 오경박사를 비롯하여 의학, 점술, 기와 박사를 파견하였다.

무령왕의 아들로 그의 뒤를 이어 즉위한 성왕은 다시 침입한 고구려 군대를 격퇴시키고, 수도를 웅진에서 사비성(부여)으로 옮겼다(538년). 이어 나라 이름을 '남부여'라 고치고 국가 체제를 재정비했다. 중앙에 22부, 지방에는 5부 5방을 두어 다스렸으며, 중국 남조(양)로부터 모시 박사(유학자), 공장(기술자), 화사(화가) 등을 초빙했고, 불상·불경과 함께 불교를 일

양직공도(중국 난징)
6세기 양나라에 파견된 외국인 사절을 그림과 함께 그려 해설한 것으로 백제 사신의 모습이다. 난징박물원에 소장되어 있다.

본에 전해주었다.

대내외적으로 나라의 힘을 키워나가던 백제는 성왕에 이르러 국가 중흥을 꾀했다. 성왕은 고구려에 빼앗긴 한강 유역을 회복하고자 애썼다. 그는 신라에 사신을 보낸데 이어 자기 딸을 진흥왕에 시집보내 나제 동맹을 더욱 강화했다. 이와 같은 신라와의 우호적인 관계 속에서 백제 성왕은 고구려와 대결을 벌였다. 그런데 백제와 고구려가 서로 싸우는 틈을 타서 신라 진흥왕은 백제 동북 변경인 한강 지역을 빼앗고, 김무력(김유신 할아버지)을 이곳의 군주로 임명했다. 이에 나·제 동맹이 깨지고, 성왕은 신라를 공격하였다. 그러나 그는 때마침 신라 관산성을 공격하려고 출정한 아들(후에 위덕왕)을 소수의 병력만 데리고 위로하러 갔다가 그곳에 매복해있던 신라군의 기습 공격을 받아 전사하고 말았다.

성왕의 뒤를 이은 위덕왕 역시 중국과 일본과의 문화 교류를 활발하게 전개했다. 왕자인 아좌태자는 일본으로 건너가 일본 쇼토쿠 태자의 스승이 되기도 했다.

무왕은 군사력을 강화하여 고구려와 백제에 적극 대응했다. 그는 당나라로부터 '대방군왕 백제왕'이라는 칭호도 받았으며, 일본에 사신을 파견하여 천문·지리·역법에 관한 서적과 불교를 전달하게 했다. 그러나 많은 절을 건설하고 궁성 옆에 연못을 파 놀이터로 삼는 등 무리한 토목공사를 벌여 국력을 낭비함으로써 백성들의 원성을 샀다.

무왕의 뒤를 이은 백제 의자왕은 친히 군사를 거느리고 신라 서쪽의 40여 성을 함락시켰다. 또 고구려 군사와 연합해 신라의 대중국 교통 거점인 당항성(지금의 경기도 화성)을 공격하기도 했다. 신라가 나·제 동맹을 깨고, 백제가 차지한 한강 하류 지역까지 독차지하자 백제는 신라 공격을 위해 고구려와 손을 잡은 것이다. 의자왕은 신라의 전략적 요충지인 신라 대야성(합천)을 공격하여 함락시키기도 했다(642년).

옥천 삼성산성(충북 옥천)
백제 성왕이 전사한 관산성으로 추정되는 곳이다.

궁남지(충남 부여)

궁남지는 현존하는 우리나라 연못 가운데 최초의 인공 호수 공원이다. 『삼국사기』를 보면 백제 무왕 35년(634년)에 "3월에 궁 남쪽에 연못을 파고 20여 리나 먼 곳에서 물을 끌어들이고 연못 언덕에는 수양버들을 심고 연못 가운데는 섬을 만들었는데 신선이 노는 산을 모방했다"는 기록이 있다. 바로 이 궁남지를 설명하는 기록이다.

익산 쌍릉(전북 익산)

백제 말기 무왕(재위, 600년~641년)의 릉으로 추정된다.

유네스코 세계 문화유산

백제 역사 유적 지구(2015년)

백제의 역사 유적 지구로 공주시, 부여군, 익산시 등 3개 시·군의 8곳 문화유산으로 구성되어 있다. 공주시는 공산성(사적 제12호), 송산리 고분군(사적 제13호) 등 2곳, 충남 부여군은 관북리 유적과 부소산성(사적 제428호와 사적 제5호), 능산리 고분군(사적 제14호), 정림사지(사적 제301호), 부여 나성(사적 제68호) 등 4곳, 전북 익산시는 왕궁리 유적(사적 제408호), 미륵사지(사적 제150호)등 2곳이다. 이 지역은 5-7세기 한국·중국·일본의 고대 동아시아 왕국들 사이의 교류와 그 결과로 나타난 건축 기술 발전 및 불교의 확산을 보여주는 유적이다. 더불어 백제의 내세관·종교·건축기술·예술미 등을 모두 포함하고 있는 백제 역사와 문화의 증거라고 할 수 있다.

(문화재청)

관북리 유적(충남 부여)

백제의 마지막 도성인 사비(지금의 부여)의 왕궁지로 추정되는 유적이다. 부여 읍내의 북쪽에 있는 부소산의 남서쪽 기슭 일대에 위치하고 있다. 발굴 조사를 통하여 왕궁의 대지와 건물터, 도로, 축대 및 배수로, 우물터 등이 확인되었다. 출토된 유물로는 금동광배, 다양한 목제품과 목간, 연화문 수막새, 토기, 중국제 자기 등이 있다.

부여 나성과 능산리사지(충남 부여)

백제의 마지막 수도인 사비(지금의 부여)를 보호하기 위해 쌓은 둘레 8km의 성이다. 부소산성을 중심으로 동쪽과 서쪽으로 자연지형을 이용하여 부여 시가지 외곽을 둘러싸고 있다. 평양 나성과 함께 가장 오래된 나성으로 손꼽히고, 웅진에서 사비성으로 수도를 옮긴 538년경에 쌓은 것으로 보인다. 성벽은 흙으로 쌓아 만든 것으로 지금은 약간의 흔적만 남아 있다. 그러나 성 위에는 말을 달릴 만한 길과 곳곳에 초소도 있고, 가장 높은 산봉우리인 필서봉에는 횃불을 올리던 봉수터와 건물터도 남아 있다. 부여 나성은 백제의 수도 보호를 위한 외곽 방어시설로 중요한 성이었다.

미륵사지 전경(전북 익산)

미륵사는 『삼국유사』에 의하면 601년(백제 무왕 2) 창건되었다고 전해지며, 무왕과 선화 공주의 설화로 유명한 곳이다. 국보 제11호인 동양 최대 석탑인 미륵사지 석탑과 보물 제236호인 미륵사지 당간지주가 남아 있어 당시의 규모를 짐작케 한다. 2009년 미륵사지 석탑의 해체ㆍ보수 작업 중에 미륵사지의 창건연대와 창건주를 기록한 사리봉안 기록판과 금제 사리함이 발굴되었다. 이를 통해 미륵사는 무왕 재위 40년인 서기 639년에 백제인 왕비의 바람으로 건립된 사실이 확인되었다. 이는 백제 서동 왕자(무왕)가 향가 '서동요'를 신라에 퍼뜨려 신라 진평왕의 딸 선화 공주와 결혼했고, 그 뒤 선화 공주가 미륵사를 건립했다는 「삼국유사」의 내용과는 다른 것이어서 논란이 되고 있다.

04 신라, 삼국 통일의 기틀을 이루다

경주 오릉(경북 경주)
『삼국사기』를 보면 제1대 박혁거세왕과 알영부인, 제2대 남해왕, 제3대 유리왕, 제5대 파사왕 등 신라 초기 박씨왕 네 명과 왕비 한 명을 한자리에 모셨다고 하여 '오릉'이라 전해진다. 한편, 『삼국유사』에는 박혁거세가 죽어 하늘로 올라갔다가 7일만에 시체가 5개 나누어져 땅에 떨어졌는데, 사람들이 이를 모아서 장사지내려 했으나 큰 뱀이 방해하여 5체를 각각 5개의 무덤에 장사지내서 '오릉'이 되었다는 기록이 전해지고 있다.

경주 월성(경북 경주)
101년(파사왕 22)에 축조한 신라 때의 성이다. 『삼국사기』를 보면, 자연적인 언덕 위에 반달형으로 흙과 돌을 섞어서 쌓았고, 여기에 신라 역대 왕들의 궁성이 있다고 기록되어 있다.

1. 고대 국가의 기틀을 마련하다

더 알아보기

임금님의 뜻은?

왕을 뜻하는 '임금'이라는 말은 신라의 '이사금'에서 나온 말이라고 한다. 이사금에서 잇금이 되고 잇금이 임금이 된 것이다. 잇금은 이빨 자국을 뜻하는 것으로 연장자라는 뜻이다. 유리왕과 석탈해 사이의 이빨 자국으로 왕을 정한 이야기가 전해온다. 한편, 마립간이란 왕호는 내물왕에서 시작하여 소지왕(재위, 479년~500년)에 이르기까지 약 150여 년 간 사용되었다. 큰우두머리를 뜻하는 마립간의 사용은 왕권이 그만큼 강해졌음을 의미한다.

한반도의 동쪽에 치우쳐 있던 신라는 지리적 특성으로 선진 문물의 수용이 그만큼 늦었다. 신라는 4세기 후반인 내물왕 때부터 고대 국가로의 기틀을 마련하기 시작하였다.

이후 눌지왕 때에는 평양으로 천도한 고구려에 대항하여 백제와 나·제 동맹을 체결했고, 소지왕 때에는 백제의 동성왕과 결혼 동맹(493년)을 맺어 백제와의 관계를 더욱 굳혔다.

눌지왕은 왕위 분쟁을 막기 위해 왕위의 부자 상속 제도를 확립했다. 왕위를 형제나 친척이 아니라 확실하게 자식들에게 계승하도록 했다. 또한 소와 마차의 사용법을 널리 알려 물자의 수송을 편하게도 했다.

5세기 무렵 신라에는 황남대총·천마총 등 규모가 큰 고분들이 많이 만들어졌는데, 이 고분을 만들기 위해 많은 사람이 동원됐을 것이고 이는 사실은 당시 신라의 왕권이 급속하게 성장했음을 알려 준다.

고분
고대에 만들어진 무덤으로 역사적 자료로서 가치가 크다.

대릉원(경북 경주)
신라 시대의 고분군이다. 대릉원이란 이름은 "미추왕을 대릉에 장사지냈다"는 『삼국사기』의 기록에서 딴 것이다. 면적이 709,151제곱미터로, 신라 시대의 왕·왕비·귀족 등의 무덤 23기가 모여 있다. 모두 평지에 자리잡고 있는 신라 시대만의 독특한 무덤떼이다.

더 알아보기

신라(新羅) 국호

신라는 처음에 국호를 '서라벌'·'사라'·'사로' 등으로 불렀다. 그러다가 탈해왕 때 '계림'으로 바뀌었다. 이에 다시 '서라벌'로 쓰이다가 503년(지증왕 4)에 '신라(新羅)'로 국호가 확정됐다. 여기에서 '신(新)'은 덕업이 날로 새로워지고, '라(羅)'는 사방을 망라한다는 의미이다.

우산국
지금의 울릉도에 위치한 작은 왕국

6세기에 이르면서 신라는 크게 발전하여 삼국을 통일할 수 있는 기반을 마련했다. 500년에 즉위한 지증왕은 국호 및 왕호를 개정했다. 이때부터 신라라는 나라 이름과 왕이라는 칭호가 정식으로 사용됐다. 곧 이때까지 서라벌·사라·사로 등 여러 가지로 부르던 나라 이름이 신라로 통일된 것이다.

지증왕은 이어 사람이 죽으면 산 사람을 함께 묻는 순장(殉葬)을 금지하고, 소를 농사에 사용하는 우경을 장려했다. 이어 지방 제도인 주·군 제도를 정하고 관리를 파견하여 다스렸다. 지증왕은 512년에 실직주(강릉)의 군주 이사부에게 군대를 보내 우산국(울릉도)을 정복하게 하여 복속시켰는데, 이 때 우산국의 부속 섬인 독도까지 신라 영토로 확보하였다.

지증왕의 뒤를 이은 법흥왕 때는 신라의 발전에 큰 획을 긋는 시기였다. 그는 지증왕 때의 업적을 토대로 군사에 관한 일을 맡아보는 병부를 설치하고, 나라의 법령인 율령을 반포하여 중앙 집권 국가 체제를 갖추었다. 또 불교를 공인하고, 금관가야를 복속시켰다. 이이 신라만의 독특한 신분 제도인 골품 제도를 정비하여 새롭게 성장하는 세력들을 포섭하고자 했다.

이러한 정책은 왕실의 권위를 높이고, 강력한 왕

포항 중성리 신라비(국립경주문화재연구소)
2009년 5월 경북 포항시 북구에서 발견된 현존 가장 오래된 신라비로 보고 있다. 자연석 화강암으로 전체 모두 203자가 확인됐다. 제작 시기는 지증왕 2년인 501년으로 추정되지만, 이보다 60년 빠른 441년으로 보는 연구자도 있다. 비의 내용은 재산 분쟁과 관련된 판결 내용을 담고 있다.

권 아래서 삼국을 통일할 수 있는 사상적 기반을 마련한 것이다. 그는 말년에 건원이라는 독자적인 연호를 사용하기도 했는데, 이러한 사실은 신라가 중국과 대등한 자주 국가임을 스스로 나타냈다는 의미를 가지고 있다.

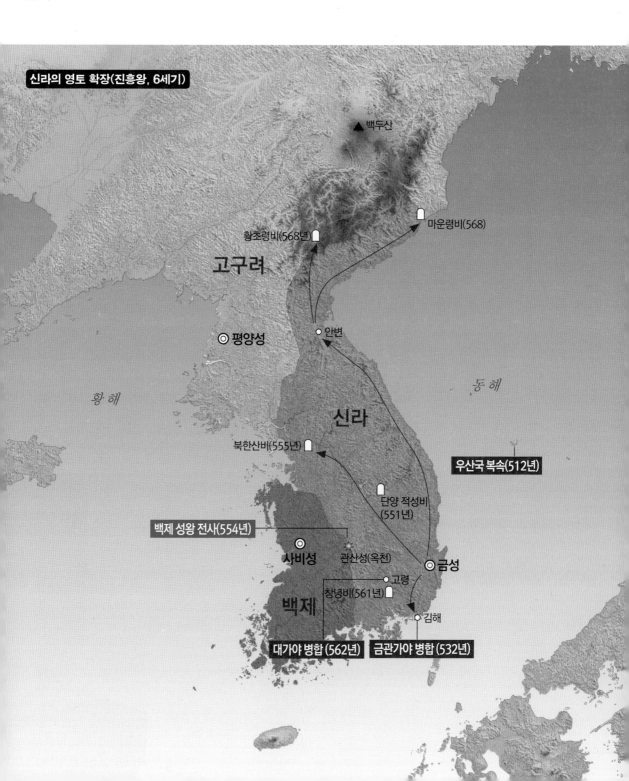

신라의 영토 확장(진흥왕, 6세기)

백두산

마운령비(568)

황초령비(568년)

고구려

평양성

안변

황해

동해

신라

북한산비(555년)

우산국 복속(512년)

단양 적성비
(551년)

백제 성왕 전사(554년)

사비성

관산성(옥천)

금성

고령

창녕비(561년)

백제

김해

대가야 병합(562년)   금관가야 병합(532년)

2. 삼국 통일의 주춧돌을 놓다

신라는 6세기 중반 내부의 결속을 더욱 강화하고 활발한 정복 활동을 전개하면서 눈부신 발전을 이룩하여 삼국 간의 항쟁을 주도하기 시작했다. 법흥왕의 뒤를 이은 진흥왕은 7살의 어린 나이에 왕위에 올라 어머니의 섭정을 받았지만 즉위 12년(551)에 이르러는 개국이라는 독자적인 연호를 사용하면서 신라의 성장을 이끌었다.

섭정
임금을 대신하여 정치를 함. 또는 그 사람을 말한다.

진흥왕은 고구려에 속하였던 죽령 이북의 군현을 빼앗기도 했고, 한강 하류 지역의 땅마저 빼앗아 한강 유역을 완전히 차지했다. 한강 유역의 확보로 신라는 영토를 크게 넓히는 동시에 경제 기반을 강화하고, 전

더 알아보기

진흥왕 순수비

진흥왕 순수비 가운데 가장 오래된 것은 북한산비(555년)이다. 창녕비는 561년에 신라가 가야 지역을 점령한 것을 기념하여 경상남도 창녕에 세웠다. 그리고 568년에는 고구려의 영토를 공격하여 차지한 뒤 그곳 함경도에 황초령비와 마운령비를 건립했다. 물론 함경도 땅은 고구려에게 다시 내줘야 했지만, 신라의 위세가 얼마나 대단했는지 잘 알 수 있는 유물이다. 이 4개의 비는 영토를 넓힌 것을 기념하기 위해 왕이 직접 순행하고 남긴 비여서 '척경비'(국경을 개척하여 남긴 비)라고도 한다.

북한산 진흥왕 순수(巡狩)비 모형(서울 종로)
555년(진흥왕 16)에 세운 북한산 진흥왕 순수비는 보호를 위해 국립중앙박물관(서울 용산)으로 옮겨졌고 원래 있었던 자리에는 복원품을 세웠다. 이 비석은 단순한 영토 확장의 의미보다 북진(통일)을 위해 하늘에 서약하는 뜻을 담고 있다.

국립중앙박물관에 전시되어 있는 진흥왕 순수비

략 거점을 확보할 수 있었다. 또한 서해를 통하여 중국과 직접 교역할 수 있는 유리한 발판을 마련했다.

진흥왕 23년에는 후기 가야 연맹의 맹주인 대가야를 정복하여 낙동강 유

황초령 진흥왕 순수비(함남 함흥)
568년(진흥왕 29년)에 만들어진 진흥왕 순수비이다. 원래 함경남도 장진군 황초령의 꼭대기에 있던 것을 1852년(철종 3)에 비를 보호하기 위해 원 위치에서 고개 남쪽인 중령진 옮겼고, 현재는 북한의 함흥역사박물관에 보관되어 있다. 신라의 자부심과 유교적인 왕도정치를 지향하려는 의지가 잘 나타나 있다.

단양 신라 적성비(충북 단양)
이사부를 비롯한 신라 장군들이 왕명으로 고구려의 영토인 적성을 공격한 후 도운 사람들을 포상하고 적성 지역 백성들을 위로하려고 세웠다.

창녕 진흥왕 척경비(경남 창녕)
빛벌가야(지금의 창녕)를 신라 영토로 편입한 진흥왕이 이곳을 순수(巡狩: 왕이 두루 돌아다니며 순시함)하며 민심을 살핀 후 그 기념으로 세운 비이다.

역을 차지했고, 동해안을 따라 함흥 평야까지 진출했다. 이러한 진흥왕의 정복 활동에 관한 사실은 여러 개의 순수비를 통하여 알 수 있다. 또 진흥왕은 청소년 단체인 화랑도를 국가 조직으로 개편하여 많은 인재를 양성했고, 불교 교단을 정비하여 백성을 하나로 모으려고 노력했다.

진흥왕에 이어 즉위한 진평왕은 13세에 왕위에 올라 54년 간이나 재임한 신라 역사상 가장 오랫동안 왕을 한 인물이다. 건복이란 연호를 사용하였고, 성장해 나가는 신라를 수성(守成)했다.

진평왕이 아들이 없이 죽자, 남자로서 적절한 왕위 계승자가 없어 그의 딸인 선덕여왕이 즉위하였다. 선덕여왕은 백제 의자왕의 강력한 공격에 큰 피해를 입자 김춘추를 고구려에 파견해 외교적 도움을 요청했으나 오히려 고구려의 옛 영토를 되돌려 달라는 강요를 받았다. 그러자 신라는 다시 김춘추를 당나라로 보내 당과의 외교를 강화하여 백제와 고구려의 침략을 막고 통일의 기반을 마련하였다.

선덕여왕릉(경북 경주)
신라 제27대 선덕여왕의 능으로 646년 조성됐다. 『삼국유사』에 보면 선덕여왕은 죽는 날을 미리 예언하고 **도리천**에 장사지내 달라고 했는데, 모두가 알아듣지 못하고 어리둥절해 하니 경주 낭산이 바로 그곳이라고 하여 후에 여기에 장사를 지냈다고 한다. 여왕을 장사지낸 지 10여 년 후 문무왕 때 능 밑에 사천왕사를 지으니 비로소 모두가 선덕여왕 예언의 의미를 깨달았다고 전해진다.

도리천 불교의 우주관에서 나오는 하늘의 하나

경주 역사 유적 지구(2000년)

경주 역사 유적 지구는 도시 전체가 박물관이라 할 정도로 신라의 천년 역사(기원전 57~기원후 935)를 간직하고 있는 지역이다. 약 1,000기 이상의 왕릉급 대형 무덤이 존재하는 것만 봐도 대단하다. 남산 지구, 궁궐 터 월성 지구, 고분군 분포 지역인 대릉원 지구, 황룡사 지구, 산성 지구 등 5군데로 구분되어 있다.

황룡사터(모형)
황룡사는 553년(진흥왕 14)에 시작하여 선덕여왕 14년에 완성한 절이다. 절터 크기는 동서 51m, 남북 26m로 그안에는 장륙존상, 황룡사 9층탑(자장 스님의 건의 · 백제 장인 아비지 축조)이 있었는데, 고려 1238년(고종 25)에 몽골에 의해 불타 버렸다. 현재 복원 작업 중에 있다.

경주 남산 칠불암 마애불상군 (경북 경주)
경주시 남산동 남산 봉화골에 있는 절이다. 만들어진 연대가 정확하지 않지만, 현존하는 유물들로 보아 신라 시대에 창건됐던 것으로 보인다. 현재 경주 남산에서는 가장 규모가 큰 불상을 갖춘 곳이다. 칠불암이라 부르게 된 것도 마당에 있는 바위에 아미타삼존불을 비롯하여 사방불이 조각되어 있기 때문이다. 이 칠불은 조각 수법이 빼어날 뿐만 아니라 우리나라 사방불의 연구에 귀중한 유물이다.

05

가야, 4국 시대를 이루며 대외 발전을 꾀하다

지산동 고분군(경북 고령)

고령은 대가야의 옛 지역으로서 현재 고분이 수백 기에 이르고 있다. 이들 고분의 겉모양들은 모두 원형의 봉토를 하고 있다. 많은 양의 토기와 함께 금동관·갑옷·투구·칼 및 꾸미개 종류가 출토되었다. 이곳은 4~6세기 정도에 만들어진 대가야 지배 계층의 무덤으로 추정된다.

창녕 가야 고분군(경남 창녕)

창녕군에 있는 가야 시대 고분군으로 5세기 전반에서 6세기 전반에 걸쳐 만들어졌다. 이 고분군에서 많은 양의 신라 계통 금속유물이 발굴되어 그 당시 창녕 지역이 신라와 정치적 관계가 밀접하였음을 알 수 있다.

1. 금관가야, 전기 가야 연맹을 주도하다

가야는 하나의 국가가 아닌 변한에 위치한 6개의 가야국을 통틀어 일컫는 말이다. 가야는 삼국이 중앙 집권 국가로 자리 잡아가며 국가 조직의 정비에 힘을 기울이고 있을 무렵 연맹 왕국 단계에 머물러 있었다. 가야 연맹은 2, 3세기에 이르러서는 김해의 가락국(금관가야)을 중심으로 연맹체를 이루었다.

가야 연맹의 핵심이었던 금관가야는 낙동강 하류 지역이라는 해상 활동에 유리한 지리적 조건과 철의 생산을 기반으로 성장했다. 특히, 김해 지방에는 질 좋은 철이 많이 나서 각종 철제 무기를 만들어 사용했고, 덩이쇠를 만들어 화폐처럼 교환 수단으로 이용하기도 했다.

당시 철은 매우 중요한 물건으로 가야는 질 좋은 철을 생산했는데, 철을 낙랑 및 왜에 수출했다. 가야인들에게 당시 철은 마치 돈처럼 쓰인것이다.

낙동강 동쪽으로 진출을 시도하던 전기 가야 연맹은 왜와 긴밀한 관계를 유지하며 신라를 공격했다. 그러나 신라를 도우러 온 고구려 광개토대왕의 공격을 받아 금관가야는 큰 타격을 입게 된다.

가야 연맹

신라

백제

성산가야 — 성주
덕유산 ▲
▲ 가야산
고령
아라가야 —
고령가야 — ▲ 지리산
진주
함안
김해

◎ 사로

대가야
후기 가야 연맹 주도
신라(진흥왕)에 멸망(562년)

금관가야
전기 가야 연맹 주도
신라(법흥왕)에 병합(532년)

고성

소가야

왜국으로의 진로

한 군현으로의 진로

왜

75

더 알아보기

임나 일본부설

왜가 4세기 중엽에 가야 지역을 차지하여 임나 일본부라는 통치 기관을 설치하고 6세기 중엽까지 한반도 남부를 경영했다는 설이다. 이는 일제가 조선을 침략할 때 그들의 한국 침략과 지배를 역사적으로 정당화하기 위해 조작해 낸 식민사관이다. 즉 한국의 역사는 고대부터 외세의 간섭과 압제 속에서 이루어졌다는 주장을 뒷받침하기 위해 만들어진 이야기이다. 또, 일제는 광개토대왕릉비에 나오는 신묘년 기사를 "왜가 바다를 건너와 백제와 임나·신라 등을 격파하고 신하로 삼았다"고 왜곡하고, 이를 임나 일본부설의 증거라고 말하고 있다. 그러나 당시 왜는 아직 나라라고 부를 만한 강력한 세력이 없었고, 일본이라는 국호도 아직 사용하지 않고 있던 시기였다. 오히려 백제와 신라가 문화적으로 월등히 앞서 있어서 많은 문물을 전해주었다.

2. 대가야, 후기 가야 연맹을 이끌다

금관가야가 약화된 후 낙동강 서쪽의 여러 가야는 고령의 대가야를 중심으로 다시 연맹체를 이루었다. 곧 5세기 중반을 넘어서자 내륙인 고령 지역에 터를 두고 성장해 온 소국이 고구려의 공격으로 큰 피해를 입은 금관가야를 대신하여 가야 연맹체의 중심국으로 떠오른 것이다.

철제 무기와 세련된 토기 등을 가지고 스스로를 대가야라 칭하고 가야의 여러 나라를 아울렀다. 고령의 대가야 역시 금관가야처럼 질 좋은 철을 많이 생산했고, 농사 짓기 좋은 환경을 갖추고 있었다.

전 구형왕릉(경남 산청)
금관가야의 마지막 왕인 구형왕의 무덤으로 전해지고 있는 돌무덤이다. 구형왕은 구해왕이라고도 불리는 김유신의 증조부이다. 521년 가야의 왕이 되어 532년 신라 법흥왕에게 영토를 넘겨줄 때까지 11년 간 왕으로 있었다. 이 무덤을 둘러싸고 석탑이라는 설과 왕릉이라는 두가지 설이 있었는데, 당시 이 지역이 금관가야의 세력권이 확실하고 여러 기록을 볼 때 왕실의 무덤으로 여겨진다.

후기 가야 연맹은 5세기 후반에 크게 성장하여 그 세력 범위를 확장시켰다. 그러나 6세기에 이르러 백제와 신라라는 두 강대국 사이에 압력을 계속 받으며 위축됐다.

가야 연맹은 두 나라의 침략으로 영토가 점차 축소되다가 결국 신라 법흥왕 때 금관가야(532년)가, 진흥왕 때 대가야(562년)가 멸망했다. 국력이 서로 비슷한 수준이었던 가야 연맹은 결국 통일 왕국을 이루지 못한 채 역사 속에서 사라져 버렸다.

가야가 삼국처럼 강력한 왕권을 지닌 고대 중앙 집권 국가로 성장했다면 삼국 시대가 아니라 사국 시대가 펼쳐졌을 것이다. 그러나 가야는 신라 문화에 영향을 주었고 일부 세력은 일본에 진출하여 일본의 고대 문화 발전에도 이바지 하였다. 또한, 훗날 삼국 통일을 이끈 신라의 김유신 장군도 알고 보면 금관가야 왕족의 후손이었다.

가야 금관(경북 고령 출토)
제작 기법으로 보면 신라 금관과는 차이가 있고, 비교적 장식의 형태가 간략하다. 대가야 시기의 것으로 여겨지며, 6세기 전반 무렵 제작된 것으로 보인다.

가야의 판갑옷과 투구(국립중앙박물관)
풍부한 철로 철갑옷과 투구를 만들어 전쟁에 사용했다.

덩이쇠
덩이쇠는 교역시 화폐의 기능을 갖는다. 가야의 고분에서 대형 덩이쇠가 발굴된 것은 무덤의 주인이 가진 부와 권력을 나타낸다고 할 수 있다.

06

삼국, 귀족 중심의 경제와 사회를 이루다

산성하 귀족묘(중국 지안)
환도산성 들어가는 입구에 있
는 고구려 귀족들의 무덤으로
수 십기가 있다. 4세기에 만
들어 진 것으로 보인다.

정사암(충남 부여)
정사암은 백제 사비성 부근 호암사란 절 근처에 있던 바위 이름인데 여기서 중요한 정치적 사항을 논의하며 나라를 이끌어 나갔다. 기록에 의하면 국가의
최고 관직인 좌평을 선출할 때 그 후보자 3~4인의 이름을 봉함하여 이 바위 위에 두었다가 뒤에 이를 개봉하여 이름 위에 도장이 찍힌 사람을 선출했다고
한다 귀족 회의는 왕권이 강화됨으로써 그 기능이 약화되었지만 삼국 말기까지 이어졌다.

1. 귀족 중심의 경제가 발달하다

삼국 시대 귀족은 그들의 세력이나 공로에 따라 왕으로부터 식읍이나 녹읍을 받고 이를 통해 자신들의 힘을 키워 나갔다. 식읍이란 일정 지역 토지의 지배권을 인정하는 것으로 그 지역 백성들에게 세금을 걷고 노동력을 징발할 수 있는 권리이다. 주로 왕족이나 공신들에게 지급되었다.

한편, 녹읍은 관직 복무에 대한 대가로 관료들에게 지급한 논·밭을 말한다. 이 역시 그 땅의 세금뿐 아니라 노동력과 공물을 모두 거둘 수 있는 특권이 주어졌다. 그러나 아쉽게도 기록이 적어서 더 자세한 운영 실태는 정확하게 알 수 없다.

대다수가 농민이었던 백성들은 수확량의 일정 부분을 국가에 세금으로 내야 했다. 15세 이상의 남자는 성을 쌓는 일이나 군대에 동원되는 등 노동력도 제공해야 했다. 소수의 왕과 귀족들에게 많은 부와 권력이 집중되어 있었고, 일반 백성들의 삶은 고달팠을 것이다.

신라는 지증왕 때 수도인 경주에 동시전이라는 관청을 두어 궁궐 동쪽에 위치한 큰 시장인 동시를 관리했다. 이후 상업이 더욱 활발해지면서 통일신라 시대에는 궁궐 서쪽에 서시와 남쪽에 남시까지 생겨났다. 신라는 각 시장마다 관청을 두고 상업이 활발히 이루어지도록 관리하였다.

비록 백성들의 삶이 힘들었지만, 삼국 시대에는 농민들의 생활을 안정시키기 위해 여러 가지 사회 정책을 실시했다. 주목할 만한 기록은 고구려 고국천왕 때 농민들이 몰락하여 유랑민이 되는 것을 방지하기 위하여 실시한 진

더 알아보기

진대법

"고국천왕 16년(194) 겨울 10월에 왕이 질양(質陽)으로 사냥을 나갔다 길에 앉아서 울고 있는 자를 보고, "어찌하여 우는가?" 하고 물었다. 대답하기를 "신은 매우 가난하여 늘 품팔이를 하여 어머니를 부양하여 모셔 왔는데 올해는 곡식이 자라지 않아 품팔이할 곳이 없고, 한 되 한 말의 곡식도 얻을 수 없어 이 때문에 울고 있습니다"라고 하였다. 왕이 말하기를 "아! 내가 백성의 부모가 되어 백성을 이 지경에까지 이르도록 하였으니 나의 죄가 크다"라고 하고, 옷과 음식을 주어 위로하였다. 이에 내외의 담당 관청에 명하여 홀아비·과부·고아·홀로 사는 노인·늙어 병든 자·가난하여 스스로 살아갈 수 없는 사람들을 널리 찾아서 구휼하도록 하였다. 또한 담당 관청에 명하여 매년 봄 3월부터 가을 7월까지, 관의 곡식을 내어 백성 가구(家口)의 많고 적음에 따라 차등 있게 진대(賑貸)하도록 하고, 겨울 10월에 이르러 갚게 하는 것을 법식으로 삼았다. 내외가 모두 크게 기뻐하였다

(『삼국사기』 권16, 고구려본기4, 고국천왕 16년)"

철제 농기구(단국대학교 박물관)
위로부터 살초, 보습이다.

대법이다. 봄에 곡식이 없어 고통을 겪는 백성들에게 곡식을 빌려주고 가을에 이자를 붙여서 받는 제도였다. 진대법은 고국천왕의 요청에 따라 재상 을파소의 건의로 시행됐다.

삼국 시대에는 농사 면적이 크게 넓어졌다. 그러면서 한 번에 많은 양의 곡식을 수확할 수 있는 농기구인 낫이 쓰였다. 오랫동안 돌이나 나무로 만든 농기구를 사용하다가 철제 농기구가 보급된 것이다. 낫 말고도 쟁기나 호미와 같이 땅을 일구는 철제 농기구가 널리 보급되어 더 많은 농경지를 만들 수 있었다. 철은 나무보다 더 단단하여 땅을 깊이 갈 수 있고 망가지는 경우도 적었기 때문이다.

벼농사가 널리 퍼지면서 볏짚을 이용하여 이를 가축의 먹이로 하거나, 집의 지붕을 만들었다. 또 퇴비로 만들어 사용도 하고, 신발 등 다양한 생활용품도 만들어 쓰게 됐다. 볏짚의 이용이 백성들의 삶에 큰 변화를 가지고 온 것이다. 불과 몇 십 년 전만 하여도 시골에 초가집이 많았고, 조선 시대까지 대부분 백성들이 짚신을 신고 다녔던 것을 보면 볏짚은 백성들에게 생필품이었다고 생각해도 될 듯하다.

4세기 이후 삼국은 활발하게 무역 활동을 했다. 지리적인 상황으로 인해 고구려는 주로 북방 민족과 무역을 했고, 백제는 바다 건너 남중국

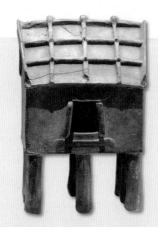

가야의 집 모양 토기
바닥이 높게 설치된 집모양 토기이다. 가로와 세로로 이어진 지붕과 출입문이 표현되어 있다. 당시 고상가옥이나 삼국 시대 고구려의 창고인 부경을 유추해 볼 수 있다.

짚신 모양 토기
부산 복천동 53호 무덤에 출토된 가야 토기이다. 굽다리 위에 짚신을 만들어 올리고 그 짚신 안에 굽이 달린 잔을 붙인 한 쌍의 토기이다. 짚신을 본떠 만든 것은 죽은 이의 영혼이 이승으로부터 저승으로 옮겨가는 의미를 담고 있다고 여겨진다.

및 왜(일본)와 해상 무역을 했다. 신라는 처음에는 고구려와 백제를 통하여 중국과 무역을 했지만, 한강 유역을 확보한 이후에는 이곳의 당항성(화성)에서 쌓아 중국과 직접 교역할 수 있었다. 비옥한 평야를 지닌 한강 유역은 선진 문물의 통로 역할까지 톡톡히 하는 중요 거점이었고, 신라로서는 이 지역을 확보함으로써 삼국간 경쟁에서 앞서갈 수 있는 계기가 되었다.

고대 사회는 엄격한 신분제 사회였기 때문에 경제 활동도 귀족들을 중심으로 이루어졌다. 귀족은 조상으로부터 물려받은 많은 토지와 노비를 소유하고 있었고, 국가로부터 많은 땅과 노비를 받기도 했다. 이러한 재산을 바탕으로 귀족들은 창고와 마굿간을 갖춘 큰 저택에서 살고, 중국에서 수입된 비단·보석·금·은 등으로 치장을 하며 화려하고 풍족한 생활을 했다.

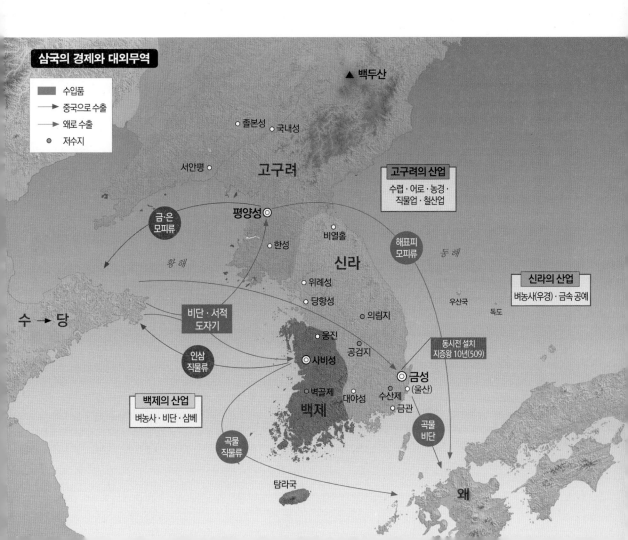

그 반면에 농민들은 성이나 저수지를 쌓는 일에 동원되고 귀족들의 토지 경작에 강제로 동원되기도 했다. 게다가 전쟁이 일어나면 직접 전쟁에 군인으로 참가하거나 전쟁 물자를 동원해야만 했다.

고구려 부엌 그림(안악 고분 벽화)
삼각형 지붕으로 된 부엌에서 하녀 3명이 각자 음식을 준비하고 있는 그림이다. 왼쪽에 크게 그려진 여인은 허리를 약간 구부린 채 왼손에 국자를 들고 시루 속 음식을 휘젓는 모습을 하고 있다. 여인의 상반신만큼이나 큰 검은색 시루 속에 흰색 음식이 가득 담겨 있다. 분량으로 보면 이 집에 꽤 많은 사람이 살고 있음을 짐작할 수 있다. 여인은 오른손에 둥글고 큰 표주박 같은 것을 쥐고서 음식을 퍼 담으려 하고 있고, 표주박 아래에는 음식을 담을 더 큰 그릇이 놓여 있다.

영천 청제비(경북 영천)
536년(법흥왕 23)에 건립된 것으로 추정되는 「병진명」과 798년(원성왕 14)에 수리한 것으로 보이는 「정원명」 2개의 비석이 있다. 병진명에는 비를 세운 연·월·일, 공사의 명칭, 공사의 규모, 동원된 인원 수, 청못의 면적과 이로 인해 혜택 받는 농지 면적, 공사를 담당한 인물의 이름 등이 기록되어 있다.

2. 귀족 중심의 신분제 사회가 발달하다

1) 무사적 기풍이 사회를 이끌다

고구려는 압록강 중류의 산간 지역을 중심으로 발전하여 호전적이고 강인한 사회 기풍을 가지고 있었다. 사회 기강 유지를 위해 법이 엄격하여 반역을 꾀하거나 반란을 일으킨 자는 화형에 처하거나 목을 베었고 그 가족을 노비로 삼았다. 전쟁에서 적에게 항복한 자나 패한 자도 사형을 시켰다.

마을마다 민간 교육 기관으로 경당이 있어서 자제들이 그곳에서 공부를 하고 무예를 익혔다. 형이 죽으면 동생이 형수와 결혼하는 풍습(형사취수제)이 있었고, 평민들은 남녀 간에 자유로운 교제를 통하여 혼인을 했다.

고구려만이 아니라 백제 사람들도 무사의 기풍이 있어 말타기와 활쏘기 등을 좋아했다. 역시 형법이 중시되어 반란을 일으키거나 전쟁에서 후퇴하거나 살인한 자는 사형에 처했다. 중국 역사서의 기록을 보면 백제 사람들은 키가 크고 의복이 깔끔하여 세련된 모습이었다.

아프라시아브 고구려 사신도(우즈베키스탄, 사마르칸트)
1965년 발견된 우즈베키스탄 사마르칸트에 있는 아프라시아브 궁전 벽화에는 조우관을 쓴 고구려 사신의 모습이 있다. 그림의 오른쪽 아래 깃털 모자를 쓰고 칼을 찬 사람이 고구려 사신인데, 고구려가 멀리 우즈베키스탄까지 교류를 했음을 알 수 있는 자료이다.

백제 왕자 의상 (한성백제박물관)

좌평 의상 (한성백제박물관)

신라에는 진흥왕 때 국가 조직으로 재편된 화랑도라는 조직이 있었다. 귀족 출신의 젊은이를 화랑으로 하고 이를 좇는 젊은이를 낭도라 하여 계층과 신분을 뛰어 넘는 무리를 이루는 조직이었다. 대표적인 인물로는 김춘추, 김유신 등이 있다. 화랑도는 원광 법사가 유교·불교·선교(도교)를 통합한 세속오계라는 사상을 통해 화랑들의 행동 규범을 제시했다.

화랑도는 고구려와 백제를 상대로 전쟁을 하던 국가적 위기에서 신라의 큰 힘이 되었을 뿐만 아니라 훗날 신라가 삼국을 통일하는 데도 많은 역할을 했다. 이들은 수련 기간이 끝난 뒤에 국가의 정규 군대에 편입되어 정식 군인으로서 활동했다. 화랑도는 국가에 대한 충성과 애국을 강조하는 집단으로 신라의 삼국 통일에 필요한 조직이었다.

2) 엄격한 신분 제도로 사회를 유지하다

삼국 시대는 철저한 신분제 사회였다. 신분제 사회에서는 개인의 능력보다는 그가 어떤 집안에서 태어났느냐에 따라 자신의 신분과 가능한 사회적인 활동이 정해진다. 대략적으로 신분 구성은 왕족을 비롯한 귀족 그리고 평민과 천민으로 구분된다. 귀족들은 자신들의 사회적 특권을 유지하기 위해 엄격한 법령을 만들었다.

고구려의 경우 기록이 적어 확실히 알 수는 없지만 왕실과 귀족으로

더 알아보기

세속 오계

원광 법사가 수나라에 들어가 유학하고 돌아와서 가실사에 있었는데, 그 때 사람들이 높이 예우하였다. … 지금 세속오계가 있으니, 임금 섬기기를 충으로 하고(事君以忠), 어버이 섬기기를 효로써 하고(事親以孝), 친구 사귀기를 신으로써 하고(交友以信)], 전쟁에 임하여 물러서지 않고(臨戰無退), 생명 있는 것을 죽이되 가려서 한다(殺生有擇)는 것이다.

『삼국사기』 권45, 열전5 귀산)

이 5개의 규율을 통해 화랑도의 정신을 살펴볼 수 있다. 살생유택은 살생을 하지 말라는 불교의 교리를 바탕으로 하고, 사군이충, 사친이효, 교우이신은 유교적 덕목을, 임전무퇴는 병사들이나 장군들에게 요구되던 가치관이었다. 이 세속오계로 무장한 화랑도는 협동과 단결 정신을 기르고 심신을 연마하였다.

구성된 지배층 아래에 평민과 노비의 피지배층으로 신분이 나뉘어졌을 거라고 추측한다. 평민은 대부분 농민들로 이들은 신분적으로는 자유민 이었지만, 정치·사회적으로 많은 제약을 받았다. 대부분 생활이 어려웠 고 세금을 내야 했으며 군역에도 동원되어 전쟁터에 나가기도 했다. 천 민은 대부분 노비들이었는데 왕실이나 귀족, 또는 관청에 속해 있었고 주인이 마음대로 사고 팔수 있었다. 노비들은 주로 전쟁 포로들이나 범 죄자들, 또는 귀족에게 빚을 지고 갚지 못한 자들로 이루어졌다.

백제의 지배층도 왕과 왕족, 그외의 귀족들이 상층부를 구성하고 있 었다. 이들은 백제가 고대 국가로 성장하는 과정에서 각 지역의 토착 세 력이 중앙으로 올라와 귀족이 되었을 것이다. 백제 역시 일반 백성들은 농민이 대다수로 토지를 경작하고 농업에 종사하였으며, 이외에도 소수 는 공업과 상업 등에 종사하며 살아갔다. 이들은 나라에 세금을 내고 군 역과 부역의 의무도 가지고 있었다. 최하층인 노비는 다른 나라처럼 전 쟁에서 잡아온 포로나 죄를 지은 이들로 이루어졌다.

귀족
• 국가의 고위 관직 독점
• 많은 토지와 노비 소유

평민
• 국가에 세금을 내고 역을 부 담하고 공물을 납부함
• 자유민으로 주로 농업에 종사

천민
• 천민의 대다수는 노비
• 소나 말과 대치될 수 있는 소 유물로 취급
• 주인의 시중을 들거나 귀족 의 토지를 경작

신라의 관등과 옷색깔(복색)

등급	관등명	공복색	진골	6두품	5두품	4두품
1등급	이벌찬	자색(紫色)				
2등급	이 찬	자색(紫色)				
3등급	잡 찬	자색(紫色)				
4등급	파진찬	자색(紫色)				
5등급	대아찬	자색(紫色)				
6등급	아 찬	비색(緋色)				
7등급	일길찬	비색(緋色)				
8등급	사 찬	비색(緋色)				
9등급	급벌찬	비색(緋色)				
10등급	대나마	청색(靑色)				
11등급	나 마	청색(靑色)				
12등급	대 사	황색(黃色)				
13등급	사 지	황색(黃色)				
14등급	길 사	황색(黃色)				
15등급	대 오	황색(黃色)				
16등급	소 오	황색(黃色)				
17등급	조 위	황색(黃色)				
관등			골품			

쌍영총 벽화(중국 지안)
당시 풍속을 말해 주는 벽화로 남녀와 수레, 말의 그림이 많다. 고구려 고분 중에서도 특히 귀중한 자료로 평가되고 있다.

삼국 중 신분제의 특성을 가장 잘 나타내 주는 제도가 바로 신라의 골품 제도이다. 신라는 독특한 신분 제도인 골품제를 통해서 통치 기반을 마련했다. 국가 형성기에 만들어지기 시작한 골품제는 6세기 초에 법제화되어 신라가 멸망할 때까지 변함없이 신라 사회를 규제하는 중요한 신분 제도였다.

골품제에 의하면 성골과 진골이 왕족으로 최고 귀족의 지위를 누렸고, 일반 귀족은 6두품 이하 각 두품에 속하게 했다. 성골과 진골은 왕과 모든 중요 관직을 독차지할 수 있었고, 6두품은 6등급인 아찬까지, 5두품은 10등급인 대나마까지 올라갈 수 있었다. 이처럼 신라의 귀족들은 골품에 따라 사회적 활동이 엄격히 제한됐다.

울주 천전리 각석(울산)
신라 화랑에 대한 기록이 남아 있다.

3) 귀족 회의를 통해 나라를 이끌어 가다

초기 삼국의 왕은 초월적인 권력자라기보다는 귀족들 가운데 대표 성격을 지닌 존재였다. 삼국 초기 귀족 체제를 보면 고구려와 백제는 5부 체제였고, 신라는 사로국의 모체인 6촌이 6부 체제로 정착하여 나라를 다스렸다.

앞에서 설명했던 것처럼 삼국 모두 처음에는 연맹체로 출발했다. 그러므로 삼국 시대 초기에 나라의 중대사를 결정하는 데에는 연맹체의 대표격인 최고 귀족들의 회의가 매우 중요했다. 귀족 회의를 통해서 심지어 왕을 폐위하고 새로운 왕을 선출할 정도로 그 힘은 막강했다.

신라의 6부 체제 회의는 나중에 화백 회의로 발전했다. 국가의 중대사는 이 회의에서 결정됐고 국왕은 이를 따라야만 했다. 화백 회의는 최고 귀족들의 만장일치로 중대사를 결정했는데, 당시 회의를 참석하는 귀족의 역할과 권한이 매우 컸다. 이와 비슷한 것으로는 고구려의 제가 회의, 백제의 정사암 회의가 있다. 모두 신라의 화백 회의처럼 각 부 대표 귀족들의 회의였다.

표암(경북 경주)
신라 6촌 가운데 양산촌의 시조 이알평이 내려왔다고 한다. 이알평은 경주 이씨의 시조다. 여기에서 신라 6촌장이 모여 화백회의를 열고 신라 건국을 의결하였다고 전하고 있다.

07

삼국과 가야, 찬란한 문화를 꽃피우다

백제 금동대향로(국립부여박물관)

1993년 국립부여박물관에서 부여 능산리 절터를 발굴하던 도중에 발견됐다. 이 백제 향로는 높이 64cm, 무게 11.8kg로 받침과 뚜껑이 덮인 몸통으로 구성되어 있다. 받침은 한 마리의 용이 역동적이고 생동감 있게 표현되어 있다. 뚜껑 부분 꽃잎들은 산봉우리를 상징하며, 호랑이 · 사슴 · 코끼리 · 원숭이 등 동물과 신선이 조각되어 있다. 꼭대기에 봉황이 바로 날아갈 듯한 모습을 취하고 있으며, 그 바로 밑에는 악사 5명이 피리 · 비파 · 통소 · 거문고 · 북 등을 연주하고 있다. 가슴과 악사상 앞뒤에는 5개의 구멍이 뚫려 있다 몸체에서 향 연기를 자연스럽게 피어오를 수 있게 했다.

이 향로는 중국 한나라에서 유행한 향로의 영향을 받은 듯하지만, 중국과 달리 산들이 독립적 · 입체적이며 사실적으로 표현됐다. 7세기 초 백제인의 정신 세계와 예술적 역량이 극대화된 걸작이라 할 만하다.

무용총 수립도(중국 지안)

고구려인들의 역동적인 사냥의 모습을 묘사한 것으로 유명한 고분 벽화이다. 여기저기 뛰어 다니는 사슴과 호랑이, 말 달리며 이를 활로 맞히려는 고구려 사람들의 모습이 인상적이다. 산의 역동적인 묘사라든지 호랑이가 사슴보다 작게 그려진 모습도 특이하다.

무용총 무용도(중국 지안)

남녀 무용수 7명이 긴 소매를 어깨 뒤로 늘어뜨리고 춤추는 장면이 그려져 있다. 무용수들은 긴소매의 점무늬 옷을 입고 머리에 깃털을 꽂고 있다. 맨 앞의 사람이 춤을 이끌고, 나머지 무용수들이 그를 따르며 춤추고 있다. 무용도 하단에는 7명이 나란히 서서 합창을 하는 모습도 그려져 있다.

1. 삼국과 가야, 다채로운 고유 문화를 만들다

삼국은 중국 문물의 영향을 받기도 했으나 차츰 고대 국가로 성장하며 자신만의 독창적인 문화를 만들어 갔다. 즉, 제각기 특수한 문화를 창조하면서 점차 이를 발전시켜 나갔다. 고구려는 강건하고 호전적인 기풍을, 백제는 섬세하면서도 화려한 예술성을, 뒤늦게 발전한 신라는 고구려, 백제의 영향을 받아 패기 있으면서도 섬세한 문화를 특징으로 한다. 『삼국사기』에서는 백제 문화를 '검이불루 화이불치'라고 표현하기도 하였다. 한편, 삼국 외에도 가야는 뛰어난 철기 문화를 바탕으로 삼국과는 또 다른 소박하면서도 독창적인 문화를 만들었다.

삼국은 모두 불교를 받아들이면서 불교문화가 크게 발달한 것도 그 특징이다. 삼국 중 고구려는 4세기 후반인 372년(소수림왕 2) 중국으로부터 불교를 수용했다. 백성들 사이에 전파되어 있던 불교가 공식적으로

검이불루 화이불치(儉而不陋 華而不侈)
"검소하지만 누추해 보이지 않고 화려하지만 사치스럽지 않다"는 뜻이다.

능산리 사지(충남 부여)
백제의 왕실 사찰로 백제가 사비로 천도하면서 조성한 것으로 알려져 있다. 사비 시대 백제 국왕들의 무덤이 이 부근에 조성되어 있는 것으로 보아 이 사찰은 그들의 명복을 빌었던 곳으로 여겨진다. 1993년에 진행한 발굴 조사에서 백제 금동대향로(국보 제287호)가 출토되었다.

국가로부터 수용되자 건축술, 조형 미술의 발달을 비롯하여 학술, 사상, 사회, 문화 등 다방면에서 획기적인 변혁을 일으켰다.

1) 고구려, 패기와 정열이 넘치는 문화를 꽃피우다

고구려는 국가 형성 과정이나 험한 자연환경으로 인해 강인하고 용맹스러운 기질을 지니고 있었다. 고구려 문화 중 가장 주목되는 것은 바로 고분이다. 고구려 고분은 굴을 내고 돌로 방을 꾸미는 굴식 돌방 무덤 양식인데, 바로 여기에 많은 벽화를 그렸다. 무덤에 묻힌 주인공을 위해 그린 벽화에는 다양한 내용이 담겨 있다. 이를 통해 고구려인들의 사상과 생활 모습을 엿볼 수 있다.

5세기 대표적인 벽화는 중국 지안에 있는 각저총과 무용총이다. 각저총에는 씨름하는 장면의 그림(씨름도)이 유명하고 무덤 주인과 부인의 그림도 그려져 있다. 달, 별자리, 구름, 무늬 등도 함께 그려져 있다. 무용총은 이름처럼 춤을 추는 인물들이 묘사되어 있는데 무용수들의 옷이 점박이 문양이란 것도 알 수 있다. 무용총에 그려진 사냥하는 그림(수렵도)은 고구려 무사의 힘있는 모습을 보여주고 있다.

각저총 씨름도(중국 지안)
나무 아래에서 두 사람이 힘을 겨루고 있으며, 그 옆에 지팡이를 짚은 노인이 심판을 보고 있는 듯 하다

고구려 고분의 명칭

명칭은 그 속에 그려져 있는 그림의 주제에 의하여 사신총·각저총·무용총·수렵총 등으로 불려진다. 초기 벽화로 4세기에 만들어졌다고 여겨지는 안악 3호분은 주인공의 생활상을 보여주는 것으로 무덤 주인과 그 부인의 초상화가 그려져 있다. 덕흥리 고분 역시 사람들의 행렬과 수렵 등 다양한 풍속을 그리고 있다. 고구려의 고분은 굴식 돌방무덤으로 돌로 널방을 짜고 그 위에 흙을 덮어 봉분을 만들었다. 무덤 내부인 널방의 벽과 천장에는 벽화를 그리기도 했다.

고구려 고분 벽화는 당시 고구려 사람들의 생활, 문화, 종교 등을 파악할 수 있는 귀중한 자료이다. 중국과 북한의 고구려 유적들은 2005년 7월 중국 장쑤(江蘇)성 쑤저우(蘇州)에서 열린 제28차 유네스코 세계유산위원회(WHC) 회의에서 세계 문화유산 목록에 등재됐다. 공식 명칭은 '고구려의 수도와 왕릉, 귀족의 무덤'이라고 한다.

안악3호분 묘주(무덤 주인) 초상화
무덤의 주인공이 평상 위에 앉아있고, 이 관리들로부터 보고를 받고 있다.

강서대묘의 사신도(북한 남포)
강서대묘에 그려져있는 사신도의 일부, 왼쪽은 무덤의 동쪽에 있는 청룡도이고 오른쪽은 북쪽에 있는 현무도이다.

후기 벽화들은 고구려인들의 내세관을 알려주는 사신(좌 청룡, 우 백호, 남 주작, 북 현무)의 그림이 주로 그려져 있다. 사신도가 그려져있는 무덤으로 국내성이 위치했던 지안(집안) 지역의 사신총과 오회분 4호묘, 북한의 남포시 강서구의 강서대묘가 대표적이다.

고구려인들은 초기부터 거대한 돌무덤을 많이 만들었다. 돌로만 만든 무덤들도 있고 내부에 돌로 방을 만들고 외부에 흙으로 덮은 무덤들도 있는데, 모두 합하면 1만기 이상의 고분이 남아있다. 그 가운데 돌로 외벽을 쌓고 피라미드 모양으로 돌을 쌓아 만든 5세기의 장군총은 한 변의 길이가 71m나 되는 거대한 무덤으로 장수왕의 무덤으로 추정하고 있다.

장군총(중국 지안)
중국 지린성 지안시에 있는 고구려의 무덤이다. 무덤의 주인에 대해 고구려 광개토대왕이라는 설과 아들인 장수왕의 무덤이라는 설이 있으나 유물이 남아있지 않아서 정확한 주인을 알 수 없다.

고구려는 중국과 국경을 접하고 있었기 때문에 교통과 방어의 요지에 많은 산성을 쌓았는데, 아래 부분은 큰 돌을, 위로 올라갈수록 작은 돌을 쌓았다. 또 자연의 절벽이나, 바위 등을 그대로 활용하기도 했다. 고구려의 성벽을 쌓는 기술은 이후 신라와 백제에도 영향을 주었다.

경주 명활산성
둘레의 길이가 약 4.5km되는 신라 시대의 산성으로 551년(진흥왕 12)에 쌓았다는 기록이 명활산성 적성비에 적혀 있다. 이 산성은 도성의 동쪽 수비를 담당하는 나성으로 나성 중에서는 최초로 돌로 쌓은 산성으로 알려져 있다.

고구려 유물 중에 금속 그릇의 대표적인 것으로 경주 호우총에서 출토된 청동 그릇이 있다. 호우명 그릇이라 불리는 이 유물에는 '을묘년국강상광개토지호태왕호우십(乙卯年國罡上廣開土地好太王壺杆十)'이라는 글씨가 새겨져 있어 제작 연도를 알 수 있다. 호우명 그릇은 광개토대왕을 기념하기 위해 고구려에서 만든 것으로 이러한 고구려의 그릇이 신라(경주)에 있는 수도 금성 고분에서 출토됐다는 것을 보면 당시 고구려가 신라에게 많은 영향력을 행사했음을 알 수 있다.

호우명 그릇(국립중앙박물관)
고구려의 그릇이 신라의 왕릉에까지 묻힌 사실은 당시 신라와 고구려의 대외 교류나 정치적 관계가 밀접했음을 알 수 있게 해준다.

고구려는 불교를 받아들일 때 중국 전진으로부터 순도라는 스님이 불경과 불상을 함께 가져왔다고 하나 전해지지는 않는다. 그러나 대표적인 고구려 불상으로 신라 땅이었던 경남 의령에서 출토된 금동 연가 7년명 여래입상이 남아있다.

금동 연가 7년명 여래입상(국립중앙박물관)
'연가 7년명'은 중국에서 쓰던 연호로 연가 7년을 뜻하고, '여래'는 석가모니 불상을 말한다. 고구려 불상이 옛 신라 지역인 경상남도 의령 지방에서 발견된 점이 특이하다. 불상 뒤에 붙은 광배 뒷면에는 평양 동사의 승려들이 천개의 불상을 만들어 세상에 널리 퍼뜨리고자 했는데, 그때 만들어진 불상 가운데 29번째 것이라고 쓰여 있다.

무령왕릉

무령왕(복원)

무령왕릉 지석(국립공주박물관)
지석이란, 무덤의 주인에 대해 기록해 놓은 비석을 말한다. 벽돌 무덤인 무령왕릉의 입구에서 발견된 이 지석(誌石)으로 말미암아 무덤의 주인공이 '무령왕'임을 알 수 있게 됐다. 뿐만 아니라 백제 웅진 시기를 연구하는데 큰 도움이 된 유물이다. 이전 발굴된 고분에서는 무덤의 주인을 알 수 있는 유물이 나오질 않아 풍부한 유물이 있다고 해도 정확한 역사적인 사실을 밝혀낼 수가 없었던 경우가 많다.

이 불상은 뒷면에 불상을 만든 이유와 539년이라는 연도가 정확하게 새겨져 있어 그 가치가 더욱 크다.

2) 백제, 우아하고 세련된 아름다움을 예술로 드러내다

백제는 수도인 하남 위례성(현재 서울 송파구로 추정), 웅진(공주), 사비성(부여)의 세 도읍지를 중심으로 문화가 발달했다. 위례성 시대의 문화로는 서울 송파구에 고구려 양식의 돌무지무덤이 있고, 풍납토성과 몽촌토성에서 당시 토기들이 출토됐다. 특히 돌무지무덤은 백제의 건국 세력이 고구려와 밀접한 연관이 있음을 알 수 있게 해주는 유물이다.

웅진 천도 후의 것으로는 벽돌무덤으로 무령왕릉의 발굴이 가장 획기적인 사건이었다. 무령왕릉은 도굴되지 않은 완벽한 상태로 발굴되었다. 무덤 안에서 나온 지석을 통해 왕릉을 만든 정확한 시기와 무덤 주인을 알 수 있었고, 문양 벽돌과 장신구 등 수많은 유물이 출토됐다. 이를 통해 당시 백제 문화는 양나라와 교류하며 중국 남조의 영향을 많이 받았음을 알 수 있다.

무령왕릉(복원도)
충청남도 공주에 있는 백제 제25대 무령왕과 그 왕비의 무덤이다. 1971년, 도굴되지 않은 상태로 발굴되어 금관을 비롯해 4,600여 점의 백제 유물을 찾을 수 있었다. 지석 등의 기록을 보면 무령왕은 사마왕이라고도 불렀다.

이어 백제는 사비성(부여)으로 천도한 이후 많은 불교문화와 유물을 남겼다. 특히, 부여 능산리에서 발견된 백제 금동대향로는 가장 뛰어난 공예품이라고 할 수 있다. 금동대향로는 만들 때 금속을 녹여 붙인 부분이 네부분 밖에 없다. 백제는 정교한 그 모습을 통째로 만드는 기술을

무령왕릉 출토 금제관식(국립공주박물관)
금판에 무늬를 뚫어서 장식하고 밑에 줄기를 달았다. 불꽃의 입체감을 살려주는 규칙적인 무늬가 인상적이다.

산수문전(국립부여박물관)
이 벽돌을 통해 백제인의 도교 사상을 엿볼 수 있다.

산수문전(국립부여박물관)

가지고 있었던 것이다. 이러한 금동대향로는 백제 문화의 결정체로 정교함과 조형미에 있다서 동아시아 금속 공예품 중에 최고라는 평가를 받고 있다. 또한, 무령왕릉에서 출토된 유물들은 당시 백제의 공예, 미술뿐만 아니라 문화, 종교, 사상까지도 알 수 있게 해준다.

백제의 기와와 벽돌을 살펴보면 아름다운 연꽃 문양 등 다양한 문양을 조각해 사용했는데, 그 중에서도 부여에서 출토된 인물 산수문전과 봉황 산수문전이 화려하고 섬세하다. 이 벽돌은 백제인들의 도교 사상을 엿볼 수 있는 유물이다.

백제 불상으로는 부여 군수리에서 출토된 납석제 여래 좌상과 규암리에서 출토된 금동 관음보살입상이 유명하고, 절벽바위에 새긴 마애불로는 태안 동문리 마애삼존불입상과 서산 용현리 마애여래삼존상이 뛰어나다. 특히, 서산 용현리 마애여래삼존상은 온유한 입가의 웃음으로 '백제의 미소'로 불리고 있다.

군수리 납석제 여래좌 상
부여 군수리의 백제 절터를 조사할 때 발견된 불상으로, 부여 군수리 석조여래좌상이라고도 한다. 4각형의 높은 대좌 위에 앉아있는 백제 특유의 불상이다.

태안 동문리 마애삼존불입상(충남 태안)
거대한 바위의 동쪽 면에 감실을 마련하고 삼존불입상을 새겼다. 중앙에 보살, 좌우에 불상을 배치한 독특한 형식을 취하였다.

백제의 금속 기술을 알 수 있는 유물로는 근초고왕이 일본에 전해준 칠지도가 있다. 또한 나주에서 출토된 금동관과 금동 신발, 무령왕릉에서 출토된 화려한 금제 관식 등도 유명하다.

현재 남아있는 백제의 석탑은 익산 미륵사지 석탑과 부여 정림사지 오층 석탑이 있다. 백제의 미륵사지 석탑은 가장 오래된 큰 석탑으로 목조 탑의 양식을 잘 나타내고 있다. 그래서 백제 목조 건물의 형식과 기법을 연구하는 큰 도움을 준다. 정림사지 오층 석탑도 목조 건물의 형식을 이어 받고 있다. 전체의 형태가 매우 장중하고 아름답다.

미륵사지 석탑(전북 익산)
현존하는 석탑 중에서 건립 연대가 가장 오래된 탑이다. 백제 말기의 무왕 때인 600~640년 건립되었다는 견해가 가장 유력하다. 일제 강점기 때, 붕괴가 우려된다고 콘크리트를 발라 놓아서 현재 다시 복원 중에 있다.

정림사지 오층 석탑(충남 부여)
건립은 7세기로 추정되고, 높이 8.3m, 사비 시대의 석탑으로 안정된 균형감과 비례의 미를 지니고 있다. 1층 탑신 네 모서리 기둥에 신라와의 연합군으로 백제를 멸망시킨 당나라 장수 소정방이 '백제를 정벌한 기념탑'이라는 뜻의 글씨를 새겨 놓아서 한때는 '평제탑'이라고 잘못 불려 지기도 했다.

서산 용현리 마애여래삼존상(충남 서산)
충청남도 서산 운산면 가야산 계곡의 층암절벽에 새겨진 삼존불로, 거대한 여래입상을 중심으로 오른쪽에는 보살입상, 왼쪽에는 반가사유상이
조각되어 있다. 높이는 본존여래상이 2.8m, 보살입상과 반가상이 약 1.7m정도이다. 웃는 얼굴이 아름다워 '백제의 미소'라 불리고 있다.

3) 신라, 소박한 문화가 세련된 귀족 문화로 바뀌다

신라 문화에 가장 큰 변화를 준 것은 법흥왕 때 불교를 공인한 사건이다. 불교를 공인하기 전 신라 유물로는 주로 토기와 금제 장신구 등 각종 생활용품이 많았다. 그러나 이후 불교가 성행하면서 황룡사를 비롯한 수많은 사찰과 탑이 건립되고, 불상이 만들어졌다.

신라도 많은 무덤이 있는데, 4세기 후반부터 6세기까지는 주로 돌무지덧널무덤이 만들어졌다. 이는 무덤 주인이 있는 방, 즉 널 주위에 덧널을 만들고, 모래·자갈·진흙 등을 다져 쌓은 후 그 위에 다시 흙을 둥글게 쌓아 올려 만든 것이다. 황남대총과 금관총, 천마총 등이 여기에 속한다.

이후 6세기를 거치면서 무덤 양식이 굴식 돌방무덤으로 바뀌는데 이는 추가로 매장이 가능하도록 널방에서 널길을 따라 출입구까지 통로가 나 있는 무덤을 말한다.

천마총(경북 경주)
장신구류 8,766점 등 1만 1500여 점의 유물이 출토됐다. 특히 금관과 천마가 그려 있는 장니(말다래)가 출토되어 관심이 집중됐다. 천마총이라는 이름이 지어진 이유도 천마도가 발견되었기 때문이다.

1973년 경주의 155호 고분에서 천마도가 출토되어 단편적이나마 신라 미술의 특징을 알 수 있게 됐다. 천마도가 출토되었다고 하여 이 고분의 명칭도 천마총으로 바뀌었다. 신라는 돌무지무덤이 대부분이어서 벽화를 많이 남기지 못했는데 천마총에서 출토된 천마도는 자작나무 껍질로 만든 말다래로 입에서 기를 내뿜으며 하늘을 나는 말의 그림이 들어 있었

천마도
천마총에서 출토된 신라 시대의 말 그림. 자작나무 껍질에 그려졌는데, 천마도는 말다래에 그려져있다. 말다래는 말을 탄 사람의 옷에 흙이 튀지 않도록 하기 위해 말의 안장 양쪽에 늘어뜨려 놓은 것으로 '장니'라고도 한다.

다. 신라 미술품으로 거의 유일하게 남아있는 유물로 그 가치가 크다.

석탑으로는 634년 분황사의 창건과 함께 건립됐다고 하는 분황사 모전석탑이 현재 남아있는 가장 오래된 것이다. 모전석탑이란 돌을 벽돌

말다래(장니)
말을 타는 사람에게 진흙이 튀지 않도록 막아주는 말배의 가리개를 말한다.

분황사 모전석탑(경북 경주)
높이 9.3m로 돌을 벽돌 모양으로 다듬어 쌓은 모전석탑이다. 634년(선덕여왕 3) 분황사의 창건과 동시에 건립되었다고 전해진다. 현재 3층까지의 탑신부가 남아있는데 네 모퉁이에는 사자상 한 마리 씩을 배치했고 탑신 4면의 감실 입구에는 8개의 인왕상을 배치하였다.

모양으로 다듬어 쌓은 것으로서 현재 3층까지가 남아있다.

신라는 5~6세기 경의 무덤에서는 이국적인 구슬과 화려한 보석을 끼운 황금 제품들이 출토됐다. 놀라운 점은 이러한 장식 보검이나 금팔찌 등 황금 공예품들은 서아시아 또는 중앙아시아의 제품이라는 것이다. 초기에는 중국 대륙이나 고구려를 통해 서아시아의 문물이 수입됐을 것으로 생각되지만, 이후에는 서역과 직접 만나 교역을 했을 가능성이 높다. 통일신라 시대의 유물에는 더욱 많은 서역의 물건들이 출토되고 있다.

4) 철의 나라 가야, 독창적인 문화를 남기다

가야의 김해 대성동 고분군과 양동리 고분군 등에서는 많은 유물이 출토됐다. 가야는 한반도 각지 및 일본 열도에 철을 수출하면서 세력을 성장시켜 나갔다. 4세기 후반부터는 본격적으로 다량의 덩이쇠를 생산했다. 이 덩이쇠는 마치 화폐처럼 쓰일 정도로 당시 중요한 가야의 생산품이었다.

대성동 고분(경남 김해)
김해시 대성동의 낮은 구릉에 형성되어 있는 가야 시대의 고분군이다. 경상남도 김해시 중심부에 있는 가야 지배층의 무덤떼로서 구지봉과 회현동 조개더미의 중간 지점에 위치해 있다. 이 고분들은 2세기경부터 6세기경까지 장기간에 걸쳐 만들어졌다.

제철 기술이 뛰어났던 가야 지역에서는 철제의 농기구, 무기, 갑주, 마구 등 수많은 유물이 출토되었다. 철제 농기구로는 끌, 쇠망치, 쇠손칼, 따비, 낫, 쇠도끼 등이 있으며 무기 중에는 그 정교함이 놀라운 철제 갑옷이 있다. 철제 갑옷은 초기에 판갑옷의 형태를 보이다가 5세기에 이르러 비늘 모양의 철편 갑옷이 유행했다. 전쟁 중에 말을 보호하기 위한 철제 말투구와 말갑옷도 많이 출토되어 가야의 뛰어난 제철 기술을 알 수 있다.

가야 토기는 지역마다 다양한 형태를 보이고 있다. 가야 토기는 고대 한반도의 토기 중 가장 조형미가 뛰어나고 한국미를 잘 표현했다고 평가 받고 있다.

집모양 토기
(국립중앙박물관)
외관은 일반적인 집의 모양과 비슷한데, 사다리가 표현되어 있는 것으로 보아 사다리를 통해 출입하는 창고로 여겨진다.

차륜형 토기
나팔 모양의 굽다리 위에 대칭으로 만들어진 뿔잔이 올려져 있고 그 양쪽에 수레바퀴가 달려있다.

가야 토기(국립김해박물관)
단순하면서도 그 조형미가 뛰어나다.

철제 갑옷
가야의 뛰어난 제철 기술을 보여준다.

2. 다양한 예술 문화를 남기다

껴묻거리
무덤에 시신과 함께 묻는 부장품
을 말한다.

1) 금속 공예의 달인이 되다

공예 기술은 고분의 껴묻거리를 통해 알 수 있다. 그러나 안타깝게도 고구려와 백제는 도굴이 심하여 남아있는 것이 적다. 반면에 신라 고분은 구조상 도굴이 어려워 많은 껴묻거리가 전해지고 있다. 순금으로 만든 금관을 비롯하여 금허리

식리총 금동 신발(국립경주박물관)
평소 신기 위함이 아니라 죽은 다음에 사용할 목적으로 만든, 신라 사람들의 사후세계가 반영된 유물이다. 신라인들은 현세의 삶이 내세까지 그대로 이어진다고 여겼고, 그래서 고분 속에 수많은 유물을 함께 묻었다. 금동 신발은 크기가 신기에 너무 크고, 만약 신발을 신고 걸으면 순식간에 공들여 만든 신발이 찌그러져버리고 말것이다.

무령왕릉 출토 백제 귀걸이(국립공주박물관)
백제의 정교한 금속 공예 기술을 보여주고 있다.

백제 금동관(국립광주박물관)
이 금동관의 주인은 당시 이곳을 지배하던 최고위 정치 지도자였을 것으로 추정된다. 나주 신촌리 9호분에서 나온 금동관으로 금동의 모관과 대관이 세트를 이루는 유일한 사례이다.

황남대총 금관(국립경주박물관)
경주시 황남대총에서 발견된 금관으로, 신라 금관의 전형적인 형태를 갖추고 있다. 다른 금관들보다도 굽은 옥을 많이 달아 그 화려함이 돋보이는 유물이다. 이마에 닿는 머리띠 앞쪽에는 山(산)자형을 연속해서 3단으로 쌓아올린 장식을 3곳에 두었고, 뒤쪽 양끝에는 사슴뿔 모양의 장식을 2곳에 세웠다. 푸른 빛을 내는 굽은 옥을 산(山)자형에는 16개, 사슴뿔 모양에는 9개, 머리띠 부분에 11개나 달았다. 또한 원형의 금장식을 균형있게 배치시켜 금관이 매우 화려하다.

띠, 금귀고리, 금가락지, 금팔지 등 화려한 장신구들은 당시의 뛰어난 공예 기술을 짐작케 한다. 특히, 식리총 출토 금동 신발은 그 공예 기술이 매우 뛰어나다.

신라 금관은 당시 금속 공예의 가장 정교한 결정체로 여러 무덤에서 출토됐다. 금관은 정교한 공예품이기도 하지만 강력한 왕권의 상징물이기도 하다.

백제는 청동 재질에 금을 입힌 금동관이 나주에서 출토되었다. 내관과 외관이 있는 전형적인 백제 금동관 형식으로 재료의 면을 도려내어 금관에 섬세한 문양을 만들었다. 이 밖에 공주 무령왕릉에서 출토된 금제 관식과 귀걸이 등을 통해서도 당시 뛰어난 백제의 공예 기술을 알 수 있다.

더 알아보기

누금기법

금속 알갱이를 금속판에 붙여 세공품의 표면을 장식하는 기법으로 중동 지역에서 시작하여 페르시아나 인도를 거쳐 우리나라로 유입된 것으로 알려져 있다. 신라 누금기법의 전성기는 6세기 중엽 경이며 감은사 사리함 등 통일 신라 시대에 이르러 최고로 발전한다.

금석문
쇠붙이나 돌붙이에다 새긴 글씨 또는 그림을 말한다.

2) 오늘날에도 전해오는 서예와 음악

삼국의 서예는 당시 금석문이 남아있어 나름 파악할 수 있다. 고구려의 대표적인 금석문으로는 광개토대왕릉비문과 충주 고구려비에 새긴 글씨 등이 있다. 백제는 부여에서 발견된 사택지적비와 무령왕릉에서 발견된 지석에서 글씨체를 알 수 있다.

신라 금석문은 백제와 고구려에 비해 많은 편인데 법흥왕 때 울주 천전리 각석을 비롯하여 진흥왕 때 4개의 순수비와 진평왕 때 경주 남산신성비 등을 들 수 있다. 그리고 울진 봉평신라비와 영일(포항) 냉수리비와 포항 중성리비도 당시의 역사 연구에 귀중한 자료이다. 또 임신서기석도 있는데, 여기에는 두 명의 신라 청년이 유교 경전을 익히고 나라를 위한 충성

광개토대왕릉비 탁본
고구려의 대표적인 금석문이다.

을 맹세하는 내용이 새겨져 있다.

　음악은 고구려의 왕산악이 거문고를 만들어 많은 곡을 작곡했다고 전해지고, 백제에서는 악곡에 관한 문헌은 없으나 악사와 악기가 많이 일본으로 건너 갔다고 전해진다. 신라에서는 옥보고가 거문고의 대가로 이름났고, 백결 선생은 청빈한 음악가로 방아곡조를 작곡한 것으로 유명하다. 우륵은 6세기 무렵 대가야의 악사로서 거문고를 개량해서 만든 가야금을 가지고 12곡을 작곡했다. 그는 신라에 귀화해서 가야금과 노래, 춤을 가르쳤다고 전해진다.

사택지적비(국립부여박물관)
백제 말기의 비석으로, 대좌평의 고위직을 역임한 사택지적이란 인물이 말년에 늙어 가는 것을 탄식하여 불교에 귀의하고 불당과 탑을 건립한 것을 기념하여 세운 비이다. 비석은 완전한 형태가 아니고, 상당부분이 잘려나가 전체의 모습을 알 수는 없다.

탄금대 우륵 선생 추모비(충북 충주)
우륵이 이곳에서 가야금을 탔다고 한다.

백제 금동대향로의 거문고
백제 금동대향로에는 많은 종류의 악기가 나오는데 이 중 거문고를 연주하는 모습이다.

3. 삼국 시대 사람들의 생활 모습은 어땠을까?

삼국 시대에는 농사와 아울러 길쌈(의생활)도 매우 중요한 활동의 하나였다. 당시 백성들의 일반적인 옷감은 베였는데 베로 만든 옷은 바람이 잘 통해서 겨울에는 추웠을 것이다. 물론 신분이 높은 사람들은 짐승 가죽이나 털을 이용한 옷과 누에를 쳐서 나오는 명주의 비단옷을 입고 좀 더 따뜻하고 화려하게 지냈을 것이다. 이러한 사실은 고구려 고분 벽화에서도 잘 나타나 있다. 특히, 비단은 매우 귀하게 여겨 삼국의 왕들은 양잠(누에치기)을 적극적으로 장려하기도 했다.

대개 고구려 사람들은 저고리와 바지를 입었는데 저고리는 길었고 허리띠를 매어 입었다. 바지는 일상복으로 많이 시용됐고 통이 다양하였으며 남녀 모두 즐겨 입었다. 고구려 무용총 벽화에 보이는 여러 종류의 의복은 삼국 시대 우리 복식의 기본 형태를 보여주는데, 대부분 바지에

고구려 귀족 부부의 나들이 모습(북한 남포시의 수산리 고분 벽화)
고구려 귀족 부부의 나들이 행렬을 보여주는 벽화이다. 귀족 부부가 나들이 도중 광대들의 재주를 보고 있다. 주인 부부에게 일산을 드리운 시종들과 앞의 광대들은 귀족 부부에 비해 작게 그려진 점이 특이하다.

무용총 무용도 의복(중국 지안)

는 물방울 무늬가 그려져 있다. 대개 남자는 저고리와 바지를 입고, 여자는 저고리와 주름진 치마를 입는 경우가 많았던 듯한다.

농업 중심의 경제를 이뤄온 삼국 시대에는 벼농사의 확대를 통해 식생활이 비교적 안정되었을 것이다. 쌀·보리·조 등의 곡물이 주식이 됐고, 부식인 반찬으로 채소류·육류·생선·과일류 등 다양한 식품이 이용됐다.

삼국 시대에 벼농사가 일반화됐지만, 일반 백성들은 국가나 귀족에게 쌀을 바치고 자신들은 주로 보리·조·콩 등의 잡곡을 먹었을 것으로 여겨진다. 전쟁이나 흉년으로 이것도 없는 경우에는 나무껍질을 벗겨 먹고 나물들을 채취해 먹었을 것이다.

백성들의 반찬으로는 소금에 절인 김치와 소금으로 발효시킨 콩으로 만든 된장이 중요하였다. 김치와 된장을 통해 사람에게 필요로 하는 염분을 섭취할 수 있었기 때문이다. 삼국 시대 김치는 고춧가루가 들어가지 않는 소금에만 절인 것이었다. 고추는 조선 시대에 일본을 통해 들여

무용총 손님 맞이하는 그림(중국 지안)
개다리 소반 위에 음식을 차려 손님을 대접하고 있다.

온 것이기 때문이다. 당시 콩으로 만든 된장은 염분과 아울러 단백질을 공급하는 중요한 식품이었다.

삼국 시대 가옥으로는 기와집과 초가집 그리고 움집 등이 있었는데 벽화를 통해 고구려 주거의 모습을 잘 알 수 있다. 안악 고분의 벽화를 보면 여러 개의 방이 그려져 있는데 부엌에서는 커다란 솥을 올려놓고 요리를 하는 모습이 보이고, 부엌 옆에는 고기 창고와 마굿간, 수레 창고도 보인다.

더 알아보기

부경과 서옥

'고구려는 주거를 산골짜기에 정했으며 농경 생활은 시작됐으나 좋은 땅이 부족하여 그들의 배를 채우기에 부족했다. 또한 궁궐 짓기를 좋아했으며, 주거의 좌우에는 큰 건물을 세워 귀신·사직 제사했다고 한다. 집에는 큰 창고가 없고 집집마다 스스로 작은 창고를 지었는데 이를 '부경'이라고 하며 또한 그 풍속에 혼사가 결정되면 신부 측에서 집 뒤에 작은 집을 지어 사위가 들게 하였는데 이를 서옥이라한다.'

(『삼국지』 위서 동이전)

고구려 부엌 그림 (안악 고분 벽화)
삼각형 지붕으로 된 부엌에서 하녀 3명이 각자 음식을 준비하고 있는 그림이다. 왼쪽에 크게 그려진 여인은 허리를 약간 구부린 채 왼손에 국자를 들고 시루 속 음식을 휘젓는 모습을 하고 있다. 여인의 상반신만큼이나 큰 검은색 시루 속에 흰색 음식이 가득 담겨 있다. 분량으로 보면 이 집에 꽤 많은 사람이 살고 있음을 짐작할 수 있다. 여인은 오른손에 둥글고 큰 표주박 같은 것을 쥐고서 음식을 퍼 담으려 하고 있고, 표주박 아래에는 음식을 담을 더 큰 그릇이 놓여 있다.

4. 역사책을 편찬하다

글자를 사용함에 따라 삼국은 여러 가지 국가적인 편찬 사업을 행했는데 그 대표적인 것이 국사, 즉 나라 역사를 편찬하는 것이었다. 삼국이 각기 국사를 편찬한 것은 고대 국가를 건설한 후 왕권의 존엄성과 국가의 위신을 내외에 과시하려는 의도가 숨겨져 있다.

고구려는 영양왕 11년(600)에 지은 『유기』 100권을 편집하며 이어서 『신집』 5권을 만들었다. 백제에서는 근초고왕 때 박사 고흥이 『서기』를 편찬했다고 하며, 이밖에도 『백제기』·『백제본기』 등의 책이름이 전해지고 있다. 신라에서도 545년에 거칠부로 하여금 『국사』를 편찬케 했다는 기록이 있다. 그러나 안타깝게도 이들 삼국의 역사책들은 모두 전해지지 않는다.

백제 불교 최초 도래지(전남 영광)
동진의 마라난타가 도착한 곳이라 전해진다.

왕흥사지(충남 부여)
백제의 국찰 왕흥사가 있던 곳이다. 부여 부소산성과 낙화암 등이 한눈에 들어오는 왕안리는 마을 울성산성 남쪽 기슭에 자리잡고 있다. 삼국사기에 따르면, 왕흥사는 600년(무왕 1)부터 634년(무왕 35)에 걸쳐 지은 백제의 대사찰이다. 그러나 2007년 왕흥사지에서 발견된 사리함 몸통에 '정유년(577년) 2월 15일 백제왕 창이 죽은 왕자를 위하여 절을 세웠다.'라고 새겨져 있었다. 그리하여 실제 창건 연도가 577년(위덕왕 24)이었던 것으로 밝혀졌다.

5. 다양한 사상이 퍼지다

1) 불교, 온나라에 퍼지다

우리나라에 불교가 처음 들어온 것은 고구려 소수림왕 2년(372) 중국 전진의 승려 순도가 불경과 불상을 가지고옴으로써 비롯됐다. 백제는 침류왕 1년(384)에 동진의 마라난타가 불교를 전해주었다. 고구려와 백제에서는 왕족과 귀족들의 적극적 지원 아래 불교가 전래되었고 이에 따라 여러 곳에 사찰이 세워졌다.

한편, 신라는 눌지왕 때에 고구려의 스님 묵호자가 일선군(지금 경북 구미)에 들어옴으로써 처음으로 민간에 불교가 전해졌다. 그리고 법흥왕 8년(521)이 되어서야 비로소 왕실에 알려지게 됐다. 법흥왕은 불교를 일으키기 위해 사찰을 지으려 하였으나 귀족들의 반대로 무산되었다. 그러다가 법흥왕 14년 이차돈의 순교를 계기로 귀족들의 반발을 잠재우고 불교를 공식적으로 받아들일 수 있었다. 법흥왕은 이후 불교를 장려하면서 왕권을 강화했다.

뒤늦은 불교의 수용에도 불구하고 신라 각처에 사찰이 창건되고 탑 등 많은 불교 건축물이 세워졌다. 회화·조각·공예 미술도 불교를 받아들이며 크게 발달했다. 불교의 수용과 더불어 음악·미술·건축·공예·의학 등 선진 문물이 함께 들어와 새로운 문화 창조에 중요한 역할을 한 것이다.

이차돈 순교비(국립경주박물관)
이차돈은 불교 수용을 주장한 인물이다. 이차돈은 '부처가 만약 신령스럽다면 내가 죽을 때 특별한 일이 있으리라'고 했다. 그렇게 이차돈을 처형하자 "목 가운데에서 흰 피가 나왔다. 이 때 하늘에서 꽃비가 내리고 땅이 뒤흔들렸다."고 전해진다. 이러한 기이한 현상이 벌어지자 이후 신라 귀족들도 공식적으로 불교를 받아들이게 됐다.

인간은 결코 한 시기의 존재
가 아니고 업의 힘에 의해 끝없
이 생사를 되풀이한다는 사상
이다. 인간은 업에 따라 다양한
형태의 삶을 받게 되는데 이것
을 업에 의한 윤회라고 말하고
있다.

처음 신라의 귀족들은 불교를 반대하였으나 불교의 윤회 사상이 골품
제라는 엄격한 신분제에서 자신들의 특권을 옹호해 주는 뒷받침이 된다
는 것을 알고 이를 적극 수용했다.

삼국 시대의 불교는 때로는 개인의 복을 비는 구복신앙이었지만, 이
보다는 국가의 발전을 비는 호국신앙으로 더욱 강하게 나타났다. 그리
하여 사찰에서는 국가의 태평을 비는 의식이 행하여졌고, 호국적인 의
미를 가진 팔관회도 열렸다. 팔관회는 이후 고려 시대에 접어들어 국가
최대의 행사가 되었다.

신라의 황룡사나 백제의 왕흥사 등 큰 절들은 대부분 부처님의 힘으
로 나라를 지키려고 세운 호국 사원이었다. 특히 선덕여왕 때 만들어진
황룡사 구층 목탑은 신라 주변
의 9개국이 항복해오기를 바
라며 만들었다고 하는데 그 높
이가 80m나 되는 엄청난 규모
였다고 한다

2) 유교를 받아들여 충(忠)·효(孝) 사상을 중시하다

삼국은 모두 가부장적인 가
족 제도나 전제 왕권이 성장함
에 따라 사회적으로 충이나 효
의 도덕이 요구됐다. 이에 유교

황룡사지 목탑 심초석(경북 경주)
30톤 무게의 황룡사지 목탑터 심초석(목탑을 지탱
하는 중앙 기둥의 주춧돌)을 들어올리자 그 아래에
는 청동 거울과 금동 귀고리, 청동 그릇, 당나라 백
자항아리 등 3000여 점의 유물이 있었다. 탑을 세
울 때 귀족들이 부처에게 바친 공양품과 액땜을 위
해 땅속에 묻은 예물인 진단구 등이었다.

가 장려되어 고구려에서는 소수림왕 때 국내성에 태학을 세우고 귀족 자제들에게 유학을 교육했다. 이어 각 지역마다 경당을 세우고 평민들 자제들에게도 유교 경전을 읽히고, 무예도 연마시켰다.

백제에서는 이미 유학 경전에 능통한 이들을 오경 박사로 뽑아 활용하는 박사 제도가 있었고, 사서오경 등의 유학 서적을 공부했다. 한편, 박사들은 일본에 유학을 전해 주기도 했다.

신라에서는 유교가 다른 나라보다 뒤늦게 번성했으나 충·효·신(信) 등의 유교 덕목이 널리 백성들에게 권장됐다. 특히 화랑의 세속오계 중 사군이충(事君以忠), 사친이효(事親以孝), 교우이신(交友以信)의 가르침은 이러한 유교적인 면을 잘 표현하고 있다. 임신서기석에는 국가에 대한 충성을 실천하겠다는 화랑들의 맹세 내용을 기록하고 있어 신라의 유학 사상을 엿볼 수 있다.

3) 고유 종교와 도교가 백성들 사이에 널리 퍼지다

삼국의 토착 신앙은 하늘을 섬기는 천신 신앙과 조상 숭배 신앙, 집터의 터주신을 모시는 지신 신앙 등 다양하게 존재해 왔다. 불교가 수용되면서 초기에는 다소의

임신서기석 (국립경주박물관)
이름을 임신서기석이라 이름 붙인 것은 비석의 첫머리에 '임신(壬申)'이라는 간지(干支)가 새겨져 있고, 내용 중에 충성을 서약하는 글귀가 있기 때문이다. 1934년 경북 월성군 금장리 석장사 터 부근에서 발견된 이 유적은 길이 약 30cm, 너비는 넓은 윗부분이 약 12cm이고 아래로 내려갈수록 좁아지는 모양을 하고 있다.
여기에는 다섯 줄로 다음과 같은 내용의 74자가 새겨져 있다. 壬申年六月十六日 二人幷誓記 天前誓 今自三年以後 忠道執持 過失无誓 若此事失 天大罪得誓 若國不安大亂世 可容行誓之 又 別先辛未年 七月十二日 大誓 詩尙書禮傳倫得誓三年
이를 우리말로 번역하면 다음과 같다.
임신년 6월 16일에 두 사람이 함께 맹세해 기록한다. 하늘 앞에 맹세한다. 지금부터 3년 이후에 충도를 간직하고 허물이 없기를 맹세한다. 만일, 이 서약을 어기면 하늘에 큰 죄를 지는 것이라고 맹세한다. 만일, 나라가 편안하지 않고 크게 세상이 어지러워지면 모름지기 충도를 행할 것을 맹세한다. 또한, 따로 앞서 신미년 7월 22일에 크게 맹세하였다. 즉, 시·상서·예기·전(또는 춘추전으로 짐작됨)을 차례로 습득하기를 맹세하되 3년으로 한다.

갈등이 있었으나 토착 신앙과 불교는 점차 융화되어 갔다.

도교도 유교·불교와 같이 삼국 시대에 전래됐는데, 유교와 불교의 전래 기록이 4세기 후반인데 비하여 도교의 전래에 관한 문헌 기록은 7세기로 늦게 나타난다. 영류왕 7년(624) 당나라에서 고구려에 파견한 도사가 도교의 최고신을 형상화한 천존상을 가지고 와서 『도덕경』을 강론함으로써 도교의 전래가 비롯되었다.

고구려에서는 『도덕경』의 전파와 더불어 신선 사상이 유행했는데 이는 여러 고분 벽화에 잘 나타나 있다. 백제에서는 신선도에서 행하는 수법인 방술이 유행했고 도교 사상이 보여지는 유물로 신선 사상을 담고 있는 벽돌인 인물 산수문전과 금동대향로 등이 있다. 신라에서도 『도덕경』과 노자 사상이 유행하면서, 이와 함께 유교·불교·도교는 서로 통한다는 사상이 널리 퍼지게 됐다. 신선 사상의 표현으로 화랑을 '선도'라도 부른 것을 보면 도교 사상이 널리 퍼졌음을 알 수 있다.

황룡사지(경북 경주)와 구층 목탑 모형(국립경주박물관)
선덕여왕 때 당나라에서 불교를 공부하고 돌아온 자장 율사의 건의로 만들어진 탑으로 주변 9개국을 상징하는 9층으로 조성하여 외침을 부처님의 힘으로 막고자 하는 뜻을 지니고 있다. 안타깝게도 1238년 몽골의 침입 때 소실됐다. 제1층은 왜(일본), 2층은 중국(당나라), 3층은 오월(오나라와 월나라), 제4층은 탁라(탐라국), 제5층은 응유(백제를 나추어서 부른 말), 제6층은 말갈, 제7층은 거란, 제8층은 여진, 제9층은 예맥(고구려를 뜻함)을 의미했다. 이 탑을 건축하면 주변국들이 저절로 신라를 섬길 것이라 하여 진흥왕 14년(553)에 늪지 2만 5,000평을 메워 황룡사 공사를 시작했고, 선덕여왕 14년(645)에는 탑을 완성했다고 한다. 높이가 약 80m나 되는 거대하고 웅장한 탑이었다.

6. 삼국과 가야, 일본 고대 문화 발전에 이바지하다

고대 동북아시아에 있어서 중국의 선진 문화는 주변 문화에 많은 영향을 미쳤다. 우선 한반도로 들어온 중국의 대륙 문화는 삼국을 거쳐 고유문화로 자리 잡은 후 일본에 전해졌다. 이렇게 전해진 문화는 다시 일본 고대 문화의 형성에 많은 영향을 주었다.

삼국은 일본에 금속을 다루는 기술과 옷 만드는 기술, 각종 농기구와 도자기, 불상 등을 전해주었다. 더불어 불교와 유교, 한자도 전해주었다. 삼국 중에서도 일본과 가장 가까웠던 백제는 삼국 문화의 일본 전파에 가장 크게 기여했다. 일찍이 4세기 근초고왕 때 아직기가 학문을 전수하고 왕인이 『천자문』과 『논어』를 전해주었다. 6세기 성왕 때의 노리사치계는 일본에 불교를 전하기도 했다.

이후 백제 위덕왕의 아들인 아좌 태자는 쇼토쿠 태자(聖德太子)의 스승이 됐다. 쇼토쿠 태자는 일본이 불교 국가로 자리잡는데 큰 역할을 했는데, 백제 승려 혜총과 고구려 승려 혜자로부터 불교를 배웠다.

왕인 박사 유적지 왕인 동상 (전남 영암)
왕인이 출생했다는 곳에 만든 유적지이다. 왕인은 백제 구수왕 때 일본 왕의 초빙을 받아 『논어』 10권과 『천자문』 1권을 가지고 일본에 건너가 일본 태자의 사부가 됐다. 일본 사람들에게 학문을 가르쳤을 뿐 아니라 데리고 간 기술자를 통해 여러 가지 기술도 전했다고 한다. 일본 기록인 『고사기』와 『일본서기』에도 왕인을 문화 발전에 기여한 성인으로 추앙하고 있다.

우리나라 국보 제83호, 금동 미륵보살 반가 사유상(국립중앙박물관)

금동(금으로 도금하거나 금박을 입힌 구리)으로 만들어진 높이 93.5cm의 불상이다. 정확히 밝혀지지 않았지만, 7세기 전반 백제 또는 신라에서 만들어진 것으로 추정하고 있다. 미래의 부처인 미륵보살이 하늘에서 머물다가 다시 태어날 때까지의 기간 동안 먼 미래를 생각하며 명상에 잠겨 있는 자세가 곧 미륵반가 사유상이다. 단순하면서도 균형 잡힌 신체 표현과 자연스러우면서 입체적으로 처리된 옷주름, 분명하게 조각된 눈·코·입의 표현은 정교하게 다듬어진 완벽한 조각 기술을 보여주고 있다. 더불어 잔잔한 미소에서 느껴지는 반가상의 자비로움이 있다.

일본 국보 1호 고류사 목조 미륵보살 반가상

일본 목조 미륵보살반가사유상은 불상 자체의 높이가 123.3cm로, 일본의 옛 수도인 교토의 고류사(광륭사)에 있다. 관을 쓰고 있기 때문에 보관미륵이라고 호칭하기도 하고, 처음 만들어졌을 때는 금박을 입혔던 것으로 보인다. 목조 작품인데, 한반도의 경상북도 봉화에서만 자라는 춘양목이라는 적송을 깎아 만든 것으로 신라나 백제에서 만들어 일본 조정에 선물해 주었던 것으로 보는 견해가 유력하다. 우리의 고대 문화가 일본에 전파되었음을 입증하는 유물이라고 할 수 있다.

삼국 문화의 일본 전파

고구려
국내성
평양성
한성
동해
불교·회화·
종이·붓
웅진
사비
신라
금성
백제
가야
김해
조선술·축제술
쓰루가
유학·불교·
회화·천문·
역법
오카야마
나라
토기 제작 기술
탐라
하카타

다카마쓰 고분 벽화 여인도(일본 나라)

고구려 수산리 고분 벽화 여인도(북한 남포)

다카마쓰 고분 벽화가 고구려 것이라는 것을 보여주는 부분은 여러 가지 인데, 우선 치마의 상의가 밑에서부터 흘러 내려오고 있는 점이다. 당시 중국 당나라 여성의 치마는 옷의 위쪽에서부터 입고 있었지만, 한국의 귀부인은 다카마쓰 고분 벽화에서처럼 치마의 위쪽에다 웃옷을 내미는 스타일이었다. 즉 저고리, 치마, 그리고 치마를 입은 스타일 모두 고구려 시대의 복장이다. 또한 머리를 보면 앞 쪽에서 추켜올려서 뒤쪽에서 묶었는데 이것도 고구려 풍속과 같은 것이다.

다카마쓰 고분(일본 나라)

일본 나라현 다카이치군 아스카촌 히라타에 있는 무덤이다. 여기에 있는 벽화는 한반도로부터 전래된 회화 기법을 기반으로 한 것으로 7세기 말에서 8세기 초에 그려진 것으로 생각된다. 벽화 가운데 여자 2인이 고구려 수산리 고분의 그것과 유사하다.

그는 일본 최초의 사찰인 시텐노사(사천왕사)를 건설하기도 했다. 이 밖에 유학자인 오경 박사와 화가, 건축 기술자들, 그리고 의학·역학·천문·지리·점술 등 각 분야의 전문가들이 일본으로 건너가 일본 문화의 발전에 큰 기여를 했다.

이렇게 전래된 삼국 문화가 일본 문화에 얼마나 영향을 주었는지는 일본이 자랑하는 국보인 고류사 목조 미륵보살 반가상과 호류사 백제 관음상 등을 보면 알 수 있다.

7세기 초 고구려의 승려 담징은 종이와 먹, 채색, 연자 방아의 제조 방법을 일본에 전하였다. 또한 고구려의 수산리 고분 벽화와 일본 다카마쓰 고분 벽화의 여인들 모습은 매우 유사하다. 다카마쓰 고분 벽화의 여인들 복장은 고구려 여인들처럼 치마가 상의 밑에서부터 흘러 내려오고 있다. 누가 그렸는지 밝혀지지는 않았지만 분명 고구려의 영향을 받았음을 알 수 있다.

신라는 백제에 비해 일본과 문화 교류는 적었지만, 배 만드

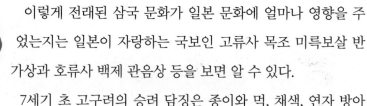

스에키 토기

5세기 일본 고분에서 출토되는 회색의 경질 토기로 가야 토기의 영향을 받았다.

는 기술과 제방 쌓는 기술을 전해 주었다. 특히, 신라의 칼은 일본에서 큰 인기를 끌었다고 한다.

가야도 일본과 교류가 활발했는데, 특히 가야 토기는 일본의 스에키(須惠器) 토기에 큰 영향을 주었다. 이 토기는 5세기 경 일본 고분에서 많이 출토퇴고 있다. 이 토기는 한반도의 문화가 일본으로 전파된 대표적인 사례 중 하나이다. 토기뿐만 아니라 가야의 고령 지산동 고분에서 출토한 금동관과 일본 후쿠이현 니혼마쓰야마(二本松山) 고분에서 출토된 일본 최초의 은동관 유물은 그 모양이 매우 유사하다. 뿐만 아니라 가야의 철제 갑옷과 일본의 철제 갑옷 역시 생김새가 큰 차이가 없다.

이처럼 삼국과 가야의 문화는 6세기경 일본의 야마토 정권 성립과 7세기경 나라 지방에서 발전한 아스카 문화의 형성에 큰 영향을 미쳤다.

금동관(경북 고령 지산동 출토)
관 테두리 위에 광배 모양의 세움 장식을 두고, 좌우로 나뭇가지 모양의 장식을 하였다. 삼국의 관 중 가장 이색적인 형태로 손꼽히고 있다.

호류사 금당 벽화(일본 나라)
고구려의 담징이 일본의 호류사에 그렸다고 전해지고 있는 벽화이다.

불국사(경북 경주)

통일신라의 대표적인 사찰로 토함산 자락에 위치하고 있다. 528년(법흥왕 15) 창건되었으며, 751년(경덕왕 10) 재상인 김대성에 의하여 크게 다시 짓기 시작하여 혜공왕 대에 완공되었다. 불국사 내 청운교 · 백운교 · 연화교 · 칠보교 등의 계단 석조물과 대웅전 앞의 삼층석탑 · 다보탑 등은 찬란한 통일신라 불교문화의 아름다움을 보여주고 있다.

통일신라와 발해의 발전

신라는 당의 도움을 받아 삼국을 통일했으므로 불완전한 통일이라 할 수 있을 것이다. 국토도 한반도 중남부만 갖게 됐고, 많은 백제, 고구려인이 당나라로 끌려가게 되었다. 하지만 신라는 결국 당의 세력을 한반도 밖으로 몰아내고, 백제·고구려 문화와 당나라 문화까지 수용하여 새로운 민족 문화를 발전시켰다. 특히, 통일 전쟁 시기는 새로운 통일국가 수립과 외세(당나라) 축출이라는 민족적 과제에 의해 형성된 공감대 위에서 강력한 전제적 왕권이 확립했다.

신라는 통일을 완성한 이후에 적극적인 대당 외교와 해상 활동을 통해 국제적 지위를 높였고, 선진 중국의 문화를 받아들여 문화도 크게 융성해졌다. 유교 정치의 정착 및 불교 사상을 근간으로 각종 불교 미술, 과학 기술의 발달까지 이루어졌다. 그러나 말기에는 정치가 흔들리고 중앙 집권 체제가 붕괴되면서 새로운 이념을 추구하는 지방 호족의 등장으로 그 막을 내리게 됐다.

대조영이 세운 발해는 고구려 문화를 기반으로 당나라와 말갈의 문화가 합쳐진 독창적인 문화를 만들며 발전해 갔다. 발해의 왕은 스스로가 '고구려의 국왕'이라고 칭하며 고구려의 옛 땅을 거의 회복했고, 9세기에는 중국에서 '바다 동쪽의 융성한 나라'라는 뜻을 지닌 '해동성국'이라고 불리기도 했다. 발해의 건국으로 우리 역사는 남쪽 통일신라와 북쪽 발해가 함께 하는 이른바 남북국 시대가 펼쳐지게 됐다.

그때 우리는		그때 세계는	
660	백제 멸망	610	마호메트, 이슬람교 창시
668	고구려 멸망	618	당 건국(~907)
676	신라, 삼국 통일 완성	645	일본, 다이카 개신
698	대조영, 발해 건국(~926)	661	옴미아드 왕조 성립(~750)
751	불국사와 석굴암 창건	755	당, 안 · 사의 난
828	장보고, 청해진 설치	771	카롤루스 대제, 프랑크 왕국 통일
900	견훤, 후백제 건국	829	잉글랜드 왕국 성립
901	궁예, 후고구려 건국	916	거란, 요 건국(~1125)
918	왕건, 고려 건국	960	조광윤, 송 건국(~1279)
936	고려, 후삼국 통일		

01

신라가
삼국을
통일하다

이견대(경북 경주)
삼국 통일을 이룩한 문무왕의 호국정신이 깃든 해중왕릉 대왕암이 보이는 감은사 앞에 위치한 유적지이다. 만파식적 설화에 의하면 죽어서 큰 용이 된 문무왕은 천신이 된 김유신과 함께 나라의 모든 근심과 걱정을 없애는 신통력을 지닌 만파식적을 신문왕에게 내렸다고 한다. 바로 이곳이 만파식적의 전설이 유래한 곳이다.

대왕암(문무대왕릉, 경북 경주)
삼국 통일을 완성한 문무왕이 자기가 죽으면 나라를 지키는 호국룡이 될 것이니 동해의 큰 바다에 장사지내 줄 것을 당부한 것은 일본에 대한 경계를 염두한 말이다. 그리하여 신라는 문무왕을 감은사에서 바라보이는 바닷가에 장사를 지냈고, 이곳을 '대왕암'이라 불렀다.

1. 백제, 나·당 연합군에 나라를 잃다

고구려가 수·당과 치열한 전쟁을 계속하고 있는 동안 백제는 신라를 계속적으로 공격했다. 나·제 동맹으로 함께 되찾은 한강 유역을 신라의 배신으로 빼앗기고, 백제의 부흥을 이끈 성왕이 신라군에 의해 죽임을 당했기 때문이다.

백제는 의자왕이 즉위하면서 더욱 강하게 신라를 몰아붙여 신라의 40여 개 성을 빼앗고 전략적 요충지인 대야성(합천)까지 진출하였고 신라는 위기에 처하게 됐다. 또한 백제는 신라에서 당으로 가는 교통로를 끊기 위해 고구려와 함께 당항성도 공격했다. 위기에 처한 신라는 먼저 고구려의 힘을 빌리고자 했으나 고구려의 보장왕이 신라가 빼앗은 고구려 땅을 먼저 돌려줄 것을 요구하였으므로 그 계획은 무산됐다.

이에 김춘추는 당으로 건너가 나·당 동맹을 맺었다(진덕여왕 2년, 648년). 당시 당 태종은 "내가 고구려와 백제를 평정하면 평양 이남과 백제의 땅을 다 그대 신라에게 주어 길이 평안하게 하려 한다"고 했다. 이에 신라와 당은 백제를 정복한 후 고구려를 공격한다는 전략을 세웠다.

대야성(경남 합천)
삼한 시대에는 변한에 속한 땅이었으며, 후에 대가야의 땅이었다. 아주 작은 성이다. 신라의 장군 이사부가 562년(진흥왕 23) 이 일대를 공략하여 신라 땅이 되었다. 이 지역은 서쪽 백제와의 만나는 국경 지역으로 군사적 요충지였는데, 642년(선덕여왕 11) 백제 장군 윤충의 공격으로 함락되었다. 이에 큰 타격을 입은 신라는 김춘추를 보내 고구려에 원병을 요청하였으나 거절당하였다.

부여 당 유인원 기공비 (국립 부여박물관)
당나라 장수로 660년 소정방과 함께 백제를 공격하여 멸망시켰으며, 이후 백제의 부흥운동도 평정하였다. 663년 세워졌는데, 원래는 부소산성에 있었다.

마침내 신라는 대장군 김유신을 앞장세워 5만 대군을 이끌고 탄현을 넘어 백제로 진군했고, 당군도 소정방이 거느린 13만 대군이 배를 타고 산둥반도를 출발하여 백강(지금의 금강)으로 들어와 진군하였다. 다급해진 의자왕은 대책을 논의하여 백강 하구와 탄현을 지키려고 했으나 때가 늦어 나·당 연합군은 이미 그곳을 지났다. 준비를 못하고 있던 백제는 급히 계백 장군의 5천 결사대로 황산벌(충남 논산)에서 신라군에게 저항했다.

김유신이 이끈 5만 신라군과 계백의 5천 결사대의 황산벌 싸움에서 처음에는 백제군이 이겼다. 그러자 신라군은 반굴과 관창이라는 두 어린 화랑을 내보내었고 두 어린 화랑은 계백에게 목숨을 잃었다. 용기 있는 두 화랑의 죽음을 보고 분노하여 사기가 오른 신라군은 총공격을 했고 결국 황산벌 전투는 신라의 승리로 끝나게 됐다.

백제의 의자왕은 사비성을 버리고 웅진성으로 피란하고, 왕자 부여태가 항전했으나 결국 성은 함락되고 의자왕은 포로가 됐다. 이로써 백제는 건국한 지 31대 678년 만에 멸망하고 말았다(660년). 의자왕은 대신과 백성 12,000여 명과 함께 당나라로 끌려갔고 그곳에서 생을 마감했다.

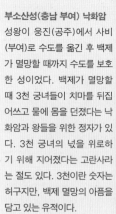

부소산성(충남 부여) 낙화암
성왕이 웅진(공주)에서 사비(부여)로 수도를 옮긴 후 백제가 멸망할 때까지 수도를 보호한 성이었다. 백제가 멸망할 때 3천 궁녀들이 치마를 뒤집어쓰고 물에 몸을 던졌다는 낙화암과 왕들을 위한 정자가 있다. 3천 궁녀의 넋을 위로하기 위해 지어졌다는 고란사라는 절도 있다. 3천이란 숫자는 허구지만, 백제 멸망의 아픔을 담고 있는 유적이다.

계백 장군 묘(충남 논산)와 계백 장군(모형)
훗날 사람들은 백제가 망할 때 충절을 지킨 계백의 행동을 높이 평가하여 '나라와 더불어 죽은 장군'이라며 칭송하고 기렸다.

삼충사(충남 부여)
백제의 충신인 성충, 흥수, 계백의 충절을 기리기 위해 세운 사당이다. 부소산성 안에 있다.

2. 고구려, 지배층의 권력 다툼으로 멸망하다

연남생 묘지명
중국 허난성 뤼양(낙양) 북망에서 남생의 묘지인 연남생 묘지명이다.

신라와 당은 백제를 멸망시킨 후 곧바로 고구려에 대한 공격을 감행했다. 보장왕 20년(661) 김유신이 이끄는 신라군과 소정방이 이끄는 당군은 남북으로 고구려를 협공했다. 그러나 이때 마침 백제 부흥군이 일어났고, 신라군은 이들을 막기 위해 병력을 남으로 돌렸다. 당나라 대군이 평양성을 공격했지만 고구려 군은 7개월 동안 저항하여 결국 군대를 철수시켰다.

당시 고구려는 계속된 전쟁으로 국력이 약해졌고, 연개소문의 독재 정치로 민심은 크게 동요하고 있었다. 연개소문은 큰 전쟁을 피하고 나라를 안정적으로 다스리고자 했던 영류왕을 죽이고 정권을 장악한 인물이다. 영류왕의 조카를 새로운 왕으로 삼아 보장왕이라 하고, 자신은 인사권과 군사권을 총괄하는 가장 높은 관직인 대막리지에 올라 국정을 좌지우지했다. 그래도 연개소문이 있을 때는 당나라의 침략을 잘 막아냈다.

절대 권력자 연개소문이 죽자 그의 세 아들들은 서로 권력 쟁탈전을 벌이고, 고구려를 약하게 만들었다. 연개소문이 죽자 장남인 남생이 대막리지를 이어 받았다. 남생은 동생인 남건과 남산에게 국정을 맡기고 지방을 순찰했는데, 이때 동생인 남건이 형을 배신하고 대막리지를 차지했다. 그리하여 남생은 평양성으로

더 알아보기

연개소문의 평가

7세기 활동했던 연개소문은 당나라와 맞서는 정책을 펼쳤다. 고구려가 당나라의 침략에 맞서 승리하자 연개소문의 힘은 더욱 커졌고 독재 정치도 강해졌다. 그러나 그가 죽자 고구려는 권력 투쟁에 휘말려 멸망의 길을 걷고 말았다. 연개소문에 대해 김부식은 『삼국사기』에서 임금을 죽인 역적이며, 고구려의 멸망을 초래한 장본인으로 기록한 반면, 신채호는 『조선상고사』에서 위대한 혁명가로, 박은식은 『연개소문전』에서 자주독립의 정신과 대외 경쟁의 담략을 지닌 우리 역사상 일인자로 평가하기도 했다.

김인문 묘의 귀부(경북 경주)
신라 문무왕의 아우 김인문의 묘비 받침돌로 짐작된다. 정식 명칭은 경주 서악동 귀부(보물 제70호)라 한다. 귀부란 거북모양을 한 받침돌을 말한다. 김인문은 신라의 삼국 통일에 큰 공훈을 세운 인물이다.

돌아오지 않고 당나라에 망명했고, 또, 연개소문의 동생이었던 연정토는 신라에 투항했다. 이 때 이미 다수의 성과 많은 백성이 당나라와 신라에게 넘어갔다.

나·당 연합군이 이 기회를 놓칠 리가 없었다. 결국 668년 6월 김인문이 거느린 27만의 신라군과 이세적(이적으로 개명)·설인귀가 거느린 50만의 당군은 평양을 다시 공격했고, 1개월 만에 평양성에 있던 보장왕은 항복하였다. 결국 고구려는 건국한 지 28대 705년 만에 멸망하고 말았다(668년).

3. 백제와 고구려의 부흥 운동, 끝내 이루지 못하다

백제와 고구려가 신라와 당의 연합군에 의해 멸망한 후 유민들은 부흥 운동을 치열하게 전개했다. 먼저, 백제의 흑치상지는 임존성(예산 대흥)을 거점으로 신라군과 당군을 공격했다. 주류성에는 복신과 승려 도침이 왕자 부여풍을 왕으로 세우고 부흥 운동을 주도했다. 주류성과 임존성의 부흥군 세력은 서로 연락을 주고받으며 힘을 합쳤고, 한때는 사비성의 나·당 연합군을 공격하여 위기에 빠지게도 했다.

그러나 백제 부흥 운동이 전개되는 가운데 지배층 사이에 내분이 일어났다. 복신이 도침을 죽이고 그 여세를 몰아 왕자 풍까지 죽이고 전권을 장악하려 했다. 이를 눈치 챈 풍은 복신을 먼저 죽이고 실권을 잡았다. 그러한 상황에서 부흥군 주력 부대는 나·당 연합군의 공격을 받았고 본진을 사비에서 주류성으로 옮겼다.

백제 부흥군은 항쟁을 계속했으나 이미 세력은 급속하게 약해진 상황이었다. 결국 군사를 충원한 나·당 연합군은 주류성으로 진격하여 백제 부흥군을 무찌르고 성을 함락시켰다. 한편, 백제 부흥 운동을 지원하러 왔던 왜(일본)의 구원병은 663년 백제 부흥군과 합세하여 백강에서 나·당 연합군과 전투를 벌렸다. 당시 백제·왜의 연합군은 나·당 연합군에 비해 수적으로 우세했으나 네 번의 전투를 모두 패했다. 왜군은 1,000척 전함 중에 400척이 불타는 등 큰 피해를 입고 살아남은 왜군과 백제 유민을 배에 싣고 일본으로 돌아갔다. 이로써 백제 부흥 운동은 4년만

백강 전투

백강(백촌강)의 전투는 663년 8월에 한반도의 백강(현재의 금강 하구 부근)에서 벌어진 백제·왜의 연합군과 나·당의 연합군 사이의 전투로 나·당 연합군이 승리했다.

임존성(충남 예산)
660년 백제의 멸망 뒤 주류성을 근거로 사비성 탈환 작전에 실패한 부흥군은 최후의 거점지로서 이 성에서 흑치상지를 중심으로 전열을 재정비하고 나·당 연합군을 괴롭히며, 백제의 부흥을 꾀하였다.

에 막을 내리게 되었다.

한편, 고구려가 나·당 연합군에 의해 평양성이 함락되어 멸망하자 고구려 유민들도 곳곳에서 부흥 운동을 전개했다. 검모잠은 왕족 안승을 왕으로 받들고 한성(황해도 재령)에서 고구려 부흥 운동을 전개했다. 이때는 당나라가 신라와의 약속을 깨고 한반도 전체를 차지하려는 야욕을 보이던 상황이라 신라도 고구려 부흥군을 도왔다.

그러나 고구려 부흥군도 지배층의 내분이 생겼다. 안승이 당나라에게 대항할 방법으로 다툼을 벌이던 검모잠을 제거하고 신라에 투항한 것이다. 이에 신라는 안승에게 금마저(익산)에 정착하게 하고 보덕국의 왕으로 책봉하여 고구려 유민들을 다스리게 했다. 안승의 남하 이후에도 고구려 유민들은 사방에서 일어나 당군을 공격했으나 끝내 부흥 운동은 성공하지 못했다.

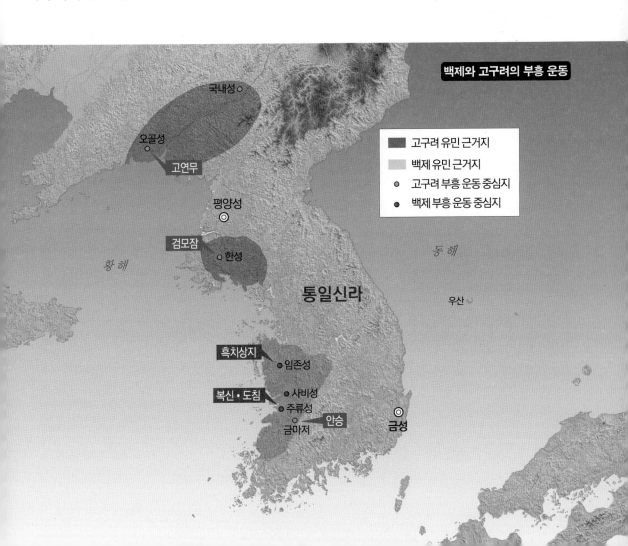

4. 신라, 당나라 군대를 몰아내고 삼국 통일을 이루다

백제와 고구려를 멸망시킨 뒤, 당은 대동강 이남의 땅을 신라가 차지한다는 약속을 어기고 한반도 전체를 지배하려는 야욕을 드러냈다. 의자왕의 아들 부여융을 웅진도독으로 삼아 백제 지역을 지배하고, 평양에는 안동도호부를 두어 직접 통치하려 했다. 나아가 계림도독부를 설치하여 신라 마저 지배하려 하였다. 이에 신라는 당나라 군대를 몰아내기 위한 전쟁에 나섰다. 우선 고구려 부흥 운동을 주도하다 신라로 망명해온 안승을 금마저에 머물도록 하고 보덕국의 왕으로 삼고 당나라 군대가 주둔하고 있던 사비성을 함락시켜 백제의 옛 땅을 차지할 수 있었다.

특히, 신라군은 당의 20만 대군을 매소성 전투에서 크게 물리쳐 군마 3만 마리와 많은 무기를 빼앗았고, 이어 설인귀가 이끄는 당의 수군을 금강 하류인 기벌포에서 격파했다. 또한 평양에 있던 당의 안동도호부를 요동 지방으로 밀어내고, 웅진도독부도 소멸시킴으로써 대동강 남쪽을 장악하였다. 신라는 이러한 과정을 거쳐 대동강 이남 땅에서 당나라 군대를 완전히 몰아냄으로써 마침내 민족 통일을 이룩했다(676년).

신라의 삼국 통일은 중국 세력인 당의 도움을 얻었다는 점과 광활한

매소성 전투
'문무왕 15년 9월 29일 당나라 장수 이근행이 20만의 군병을 거느리고 매소성으로 와 주둔했으므로 아군이 이를 격파하고 말 30,380필을 획득하고 기타 병가의 노획도 이와 같았다.'
(『삼국사기』 권7, 신라본기 7, 문무왕 15년).

기벌포(충남 서천)
676년 11월 금강 하구인 이곳에서 당나라 수군을 이끈 설인귀의 군대를 격파하였다.

고구려의 영토를 상실하고 대동강 이남 지역에 한정되었다는 점에 일
정한 한계가 있다. 그러나 우리 역사상 최초의 민족 통일이라는 커다란
의미를 지닌다. 이는 새로운 민족 문화를 이루는 중요한 계기가 되었다.
이전까지는 삼국은 서로가 한 민족이라고 생각하지 않았지만, 이후부터
한민족이라는 개념이 생기게 되었다. 이를 삼한일통(三韓一統)이라고 한
다. 또한, 신라가 고구려와 백제 유민의 힘을 합쳐 당의 야욕을 물리치
고 통일을 완수했다는 사실은 우리 민족의 자주성을 보여 주는 것이기
도 하다.

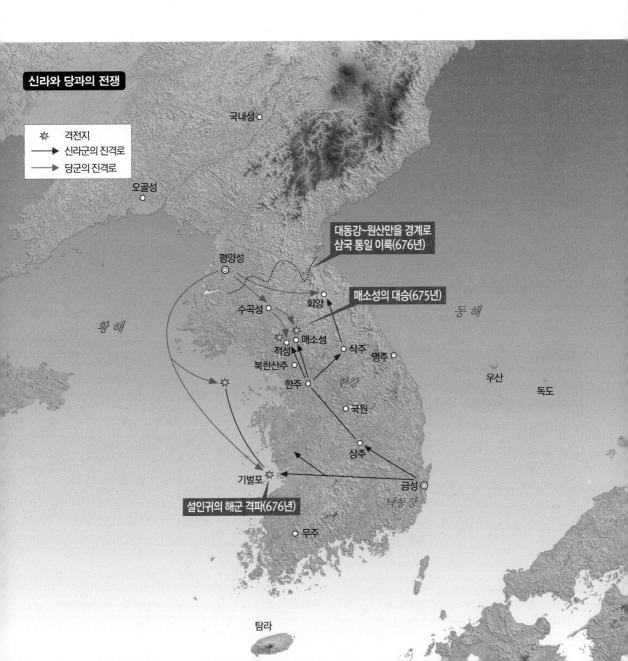

신라와 당과의 전쟁

☆ 격전지
→ 신라군의 진격로
→ 당군의 진격로

국내성

오골성

평양성

대동강~원산만을 경계로
삼국 통일 이룩(676년)

수곡성

회양

매소성의 대승(675년)

황해

동해

매소성

적성
북한산주

삭주
명주

우산

독도

한주

한강

국원

상주

금성

기벌포

설인귀의 해군 격파(676년)

낙동강

무주

탐라

02

통일신라가 번영을 누리다

안압지 출토 치미(경북 경주)

용 얼굴무늬 기와(국립경주박물관)

안압지(임해전지) 전경(경북 경주)

1975년 3월부터 발굴 조사가 실시되어 1986년 말까지 연못 안과 주변의 건물터가 확인됐다. 기와와 벽돌 2만 4천여 점을 포함하여 각종 유물이 출토됐고 건물이 복원되었다. 현재의 이름은 경주 동궁과 월지이다.

1. 강력한 왕권으로 나라를 안정시키다

신라는 삼국 통일로 영토와 인구가 많이 늘어났고, 백제·고구려 유민들과 힘을 합쳐 당나라 군대를 몰아내는 과정에서 서로 하나의 민족이라는 의식도 생겨났다. 신라는 백제·고구려 유민들에게 관직도 부여하고 군대에도 참여시키는 등 광범위한 정치적 배려를 아끼지 않았고, 이들과 함께 당나라와의 전쟁을 승리로 이끌 수 있었다.

통일 과정에서 중심 인물이었던 김춘추(무열왕)는 성골이 아닌 진골 출신임에도 불구하고, 처남 김유신의 도움을 받아 왕위에 올랐다. 무열왕의 뒤를 이은 문무왕은 삼국 통일 전쟁을 승리로 이끌면서 왕의 권위를 크게 강화했다. 이어 신문왕은 이를 바탕으로 진골 귀족세력들을 누르고 더욱 강력한 전제 왕권을 확립해 나갔다.

특히, 고구려 정벌에 공을 세우고 신문왕의 장인으로 세력을 떨치던 김흠돌이 난을 일으키자, 이를 제압하여 왕권을 더욱 공고히 했다. 또한, 국학을 세워 유

경주 재매정(경북 경주)
김유신의 집에 있던 우물로 추정된다. 김유신은 전쟁터에서 돌아와 자신의 집을 들르지 않고, 우물물을 떠오게 하고 "우리 집 물 맛은 그대로구나"하고 떠났다 한다.

신문왕릉(경북 경주)
신라 제31대 신문왕의 능이다. 신문왕은 삼국 통일을 완수한 문무왕의 맏아들로 11년 간 왕으로 있으면서 왕권 강화와 제도정비에 힘을 기울여 강력한 전제 왕권 중심의 통치 질서를 구축했다.

교 정치 이념에 충실한 관료를 양성했다.

　신라는 통일 과정에서 당나라와 전쟁을 치르면서 당나라와의 관계는 대립 관계가 됐다. 그러나 신라와 당나라는 여러 면에서 서로를 필요로 했기에 차츰 관계가 개선 됐다. 성덕왕이 즉위하면서 양국 관계는 친선 관계로 바뀌었다. 당으로서는 698년 건국한 발해의 견제가 시급했고, 신라는 당과의 문물 교류를 활성화하려는 욕구가 컸기 때문이다. 당과의 관계를 회복한 성덕왕은 백성들에게 정전이라는 토지를 나누어주고 경작하도록 하여 백성들의 삶에 안정을 주려고도 노력했다.

　원성왕은 독서삼품과를 실시하여 인재를 등용했다. 독서삼품과란 국학

경주 성덕왕릉
신문왕의 아들로 당과 적극적으로 교류하였다.

의 학생들을 유교 경전에 대한 독서 능력에 따라 상품·중품·하품으로 나누어 관리 임용에 참고한 제도이다. 우리나라 최초의 유교 지식에 의한 관리 선발 제도로 국학의 기능을 강화하려는 의도도 있었다. 이외에도 원성왕은 당시 최대의 저수지였던 김제 벽골제를 증축하고 농사를 장려하며 나라를 안정시켰다.

경주 괘릉(경북 경주)
원성왕릉으로 추정되고 있다. 원래 이곳에는 작은 연못이 있다 연못의 원형을 변형하지 않고 왕의 유해를 수면 위에 걸어 안장했다는 전설에 따라 '괘릉'이란 이름이 붙었다고 한다. 무덤의 형태와 구조는 통일신라 시대의 가장 완벽한 형태를 보여주고 있고, 둘레돌에는 12지신상이 새겨져있다.

2. 넓어진 나라를 다스리기 위해 제도를 정비하다

신라는 통일 후 여러 제도를 재정비했다. 통일로 인해 영토가 넓어짐에 따라 지방 통치 조직도 새롭게 정비했다. 전국을 9주로 나누고 주 밑에 군과 현을 두었고, 지방관을 파견하여 다스렸다. 신문왕 5년(685)에는 9주 5소경 제도가 완비되어 지방 제도의 골격을 갖추게 됐다. 5소경은 통일 전에 수도인 금성(경주)이 동남쪽에 치우쳐 있는 것을 보완하고 통치의 거점으로 활용하기 위해 마련됐다.

주의 지방관으로는 도독·주조·장사를 각기 1명씩 두었고, 지방 감찰관으로 외사정 2명이 배치되었다고 한다. 중앙에서 파견된 이들 지방관 외

9주 5소경 제도

신라는 통일 이후 넓어진 영토를 효과적으로 통치하기 위하여 지방 행정 구역을 9주 5소경으로 정비하였다. 9주의 구성을 보면 옛 신라 지역에 3주, 옛 고구려 지역에 3주, 옛 백제 지역에 3주를 두었다. 특별 행정구역인 5소경은 오늘날 광역시 정도에 해당한다고 보면 될 것이다. 5경에는 북원경(원주)·중원경(충주)·서원경(청주)·남원경(남원)·금관경(김해)이 있었고, '사신'이라는 지방관을 파견했다.

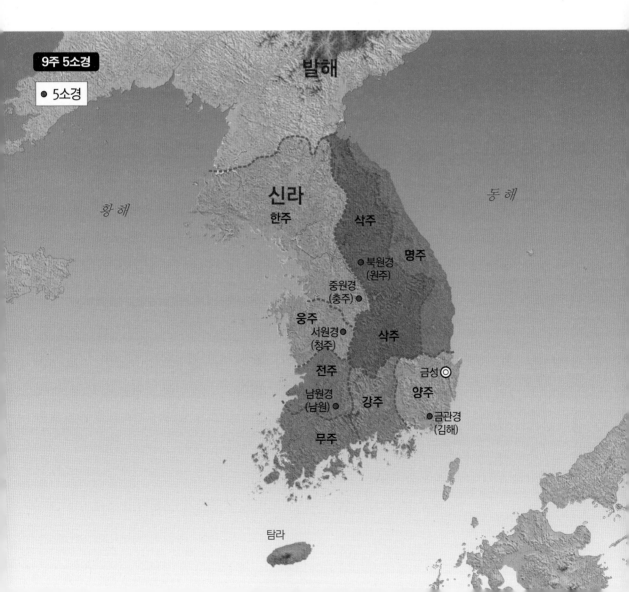

에도 각 주에는 그 지방 출신의 관리들이 있다서 지방 행정을 보좌했다.

군사 제도는 중앙군과 지방 군사 조직으로 나누어 운영했다. 중앙에는 왕실 수비대인 시위부와 중앙 핵심 부대인 9서당이 있었고, 지방에는 10정이 있었다. 각 주에 1정씩 두고 북방 지대인 한주만 구역이 넓고 국경 지역이라 하여 2정을 두었다. 중앙 부대인 9서당에는 신라인뿐만 아니라 고구려와 백제 유민들까지 편성함으로써 민족 통합에 노력한 면을 엿볼 수 있다.

3. 안정 속에서 통일신라의 경제가 발전하다

1) 귀족들이 호화로운 생활을 하다

신라는 통일 이후 산업의 발전과 무역량의 증가로 경제 생활에도 큰 변화가 일어났다. 사회가 안정되고 생산력이 확대되면서 인구가 증가하였고 이에 상업이 더욱 발달하게 됐다. 신라의 수도인 경주에는 기존의 시장만으로는 그 규모를 감당할 수 없었기 때문에 시장을 더 만들었고 상행위를 감독하기 위한 관청도 만들어졌다.

통일신라의 수도인 경주(금성)는 정치와 문화의 중심지로 귀족들이 모여 사는 대도시로 번성했다. 전성기 때 경주에는 인구가 17만여 호가 넘었고, 귀족들은 매우 호사스러운 생활을 누렸다고 한다. 심지어는 금을 입힌 저택(금입택)에서 많은 노비와 사병을 거느리고 사는 귀족도 있었다.

당시 신라 귀족의 모습을 외국의 책인 『신당서』에는 "재상의 집에는 녹봉이 끊이지 않으며 노비가 3천 명이고, 갑옷입은 병사와, 소·말·돼지의 수도 이와 비슷했다. 가축은 바다 가운데 섬에 풀어놓고 기르다가 필요한 때에 활로 쏘아서 잡아먹었다. 곡식을 남에게 꾸어주고 이자를 받아 늘리는데 갚지 못하면 노비로 삼았다"라고 기록하고 있다.

경주에서는 귀족들의 저택에서 흘러나오는 노랫소리가 밤낮으로 그치지 않았다고 한다. 지금도 남아있는 안압지, 포석정의 유적들과 그 안

금입택

『삼국유사』에 따르면 신라의 전성기에 경주에는 178,936호(戶), 1,360방(坊), 55리(里), 35댁(宅)의 부잣집[금입택(金入宅):금을 입힌 저택]이 있었다고 한다.

경주 포석정(경북 경주)
통일신라 시대의 연희 장소로 알려져 왔으나, 제사 유적이 출토되어 제사 의식을 행하던 곳이라는 견해도 있다. 신라의 별궁으로 돌 홈을 파서 물을 흐르게 하고 물에 잔을 띄워 술잔을 주고받았던 곳이다. 927년(경애왕 4) 후백제 견훤의 습격으로 왕이 죽었다고 전해진다.

에서 나온 놀잇배와 각종 놀이 도구들은 당시 신라 귀족들의 호사스러운 생활을 잘 보여주고 있다.

한편, 매장 풍습은 불교의 영향으로 시신을 태워 뼈를 묻거나 뼈를 뿌리는 화장묘로 바뀌어 갔다.

골호(국립경주박물관)
사람의 시체를 화장한 뒤 뼈를 추려 담아 땅에 매장할 때 사용하던 용기이다.

집모양 골호(국립경주박물관)
1963년 태풍으로 씻겨나간 경북 월성군(지금은 경주)의 한 모래밭에서 우연히 발견된 완전한 형태의 기와집 모양 토기이다. 이 역시 시체를 화장한 후 뼈를 담아 매장한 용기이다.

더 알아보기

신라 귀족들이 사용하던 주사위인 주령구(酒令具)

1975년 경주 안압지에서 발굴된 14개의 면을 가진 입체도형이다. 이는 나무로 만든 술 먹을 때 놀던 주사위라 해서 목제 주령구라고 한다. 이 주사위는 보통 우리가 보아 온 6면체가 아닌 14면으로 된 특이한 것이다. 통일신라 시대(7-9세기)의 유물인 이 주사위는 6개의 정사각형인 면과 8개의 육각형인 면을 가지고 있다. 주사위의 각 면에는 복원 과정에서 불타버린 것을 다시 만든 것이다.

주사위에 새겨진 글귀

금성작무 (禁聲作舞) : 소리 없이 춤 추기   삼잔일거 (三盞一去) : 한번에 술 석 잔 마시기
중인타비 (衆人打鼻) : 여러 사람 코 두드리기   곡비즉진 (曲臂則盡) : 팔을 구부려 다 마시기
음진대소 (飮盡大笑) : 술을 다 마시고 크게 웃기   유범공과 (有犯空過) : 사람이 덤벼들어도 가만히 있기

2) 수취 제도와 토지 제도를 정비하다

통일신라는 귀족들의 경제적 기반을 약화시키기고 왕권을 강화하기 위해 토지 제도를 정비했다. 신문왕은 관리들에게 문무 관료전을 지급하고(687년), 녹읍을 폐지하여(689년) 귀족의 경제 기반을 약화시켰다. 그러나 귀족의 반발로 경덕왕 16년(757)에 녹읍은 다시 부활하였다. 이리하여 귀족들은 이를 토대로 계속 호사스러운 생활을 누렸다.

농민들에게도 정전이라는 토지를 주어 경작하게 하고 국가에 조세를 바치게 했다. 통일신라의 농민들에 대한 수취 체제는 조세(생산량의 1/10), 공물(마을 단위로 지역 특산물 징수), 역(16~60세 남자 대상)이었다. 또 통일신라는 3년마다 민정 문서(촌락문서)를 작성하여 매년 촌락의 토지 넓이·인구수·소와 말의 수 등의 변동 사항을 파악하여 세금에 부과했다.

통일신라에서 정치 발전과 문화 발전은 무엇보다도 귀족의 경제 기반이 커진 것에 원인을 들 수 있다. 귀족들은 국가로부터 받은 토지 외에도 물려받은 토지·노비·목장·섬 등을 소유했고 심지어는 당나라와 아라비아에서 수입한 사치품을 사용했다.

또한 향·부곡이라는 특수한 지역의 백성들은 일반 농민보다 더욱 많은 공물을 부담했다. 노비는 왕실·관청·귀족·절 등에 소속되어 고된 일과 수공업 및 농업 등에 종사했다.

더 알아보기

신라 민정(촌락)문서

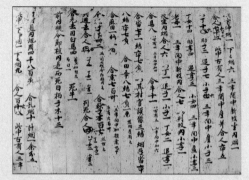

1933년 일본 도다이사(東大寺) 쇼소인(正倉院)에서 파손된 불교책 『화엄경론』을 수리할 때 안에 덧붙인 종이 중에 나온 문서이다. 신라 때 서원경(청주) 지방 4개 촌의 내용으로, 당시 촌락의 경제 상황과 국가의 세무 행정을 알 수 있는 자료이다. 신라 민정문서 또는 신라 촌락문서, 신라 장적이라고도 부른다. 내용은 4개 촌에 대한 촌의 둘레, 연호수, 인구, 전답, 마전, 백자(잣), 추자(호두)·뽕나무 등의 나무 수와 소·말의 수까지 기록되어 있어 당시 촌락의 상태를 정확하게 파악할 수 있다. 통일신라 경덕왕 14년(755)의 문서로 추정하고 있다.

3) 활발한 대외 무역을 펼치다

통일신라는 전쟁이 없자 인구가 증가했고 시장도 늘어나서 금성(경주)의 경우 기존의 동시 외에 서시·남시가 추가로 설치될 정도로 상업이 발전했다. 해외 무역 활동도 마찬가지였다. 신라의 통일 전 주된 수출품은 토산 원료품이었으나, 통일 후에는 금·은 세공품, 인삼 등으로 바뀌었고 활발한 무역이 이루어 졌다. 신라는 당에서 주로 고급 비단과 책·공예품 등을 수입했는데, 대개가 귀족들이 사용하는 물건들이었다.

당으로 가는 바닷길로는 통일 전부터 이용했던 당항성(화성)에서 산둥반도로 가는 길과, 울산항에서 출발하여 남해안을 지나 흑산도 부근에서 산둥반도나 남중국으로 가는 길이 있었다. 당시 울산항은 국제 무역항으로서 크게 번성하여 아라비아 상인까지도 왕래했다. 또한 신라인들이 자주 당나라를 왕래함에 따라 산둥반도와 양쯔강 하류 일대에는 신라인 마을인 신라방이 생겼고, 신라소라는 감독 관청과 신라원이라는 절까지 있었다.

8세기 중엽 이후부터 신라와 발해, 당나라와 일본 등 동아시아 국가들은 평화 관계를 유지하며 더욱 활발한 무역 활동을 펼쳤다. 특히 신라는 당나라와 더욱 활발한 교류를 했고, 공식 사절을 비롯하여 유학생·승

당(항)성(경기 화성)
화성시 구봉산 위에 있는 삼국 시대의 산성으로, 당성이라고 도 불렸다. 원래 백제의 영토에 속했던 지역이었는데, 고구려가 점령하여 당성군이라는 지명을 붙였고, 다시 신라가 점령한 뒤에는 당은군이 되었다. 이곳은 신라가 황해를 통해 중국과 교류하는데 있어서 중요한 출입구 역할을 했다.

장안성(중국 시안)

려·상인 등의 왕래와 문물 교류가 빈번하였다.

당시 당나라 수도인 장안(현 시안)은 중앙아시아나, 이슬람 상인들의 왕래가 빈번했던 국제 도시였다. 따라서 당과 신라와의 교역은 신라가 서역의 문화를 받아들이는 계기가 됐다. 즉, 신라는 당과의 교류를 통해 당의 선진 문화와 서역 문화까지 받아들였고, 당으로부터 '군자(君子)의 나라'로 칭송을 받았다.

당시 아라비아 상인들이 가져온 주요 물품은 유리 그릇, 향신료, 양탄자 등이었다. 대개 물품은 당나라를 통해서도 구했지만 직접 아라비아 상인들이 울산항을 통해 가져와 무역을 하기도 했다. 이러한 물품들은 신라 귀족들에게 매우 인기가 높았다.

그러나 무역 활동을 방해하는 해적도 많았다. 이에 당나라로 건너가 군인이 된 후 많은 경험을 쌓은 장보고는 신라로 돌아와 왕으로부터 허가를 받아 청해진을 설치했다(흥덕왕 3년, 828년). 이로써 청해진은 당시 당나라와 일본, 한반도를 연결하는 동아시아 무역의 중심지가 되었다.

장보고는 완도에 설치한 청해진을 기점으로 바다의 질서를 어지럽히던 해적들을 소탕하여 남해와 서해 바다의 해상권을 장악했다. 그리고 청해진을 중심으로 무역선을 통제하여 해상 무역이 안전하게 이루어지도록 했고, 이로 인해 청해진은 국제 교통과 무역의 요지로 성장할 수 있었다.

청해진(전남, 완도)

남북국 시대 무역

- ● 신라방
- — 무역·교통로

상경
부여부
동경
충경
서경
거란
요동성
남경
산하이관
서안평
발해
진저우
황해
동해
당
발해관
장구진
등주
제주
법화원
당항성
우산
신라
금성
울산
쓰루가
해주
영암
초주
청해진
일본
탐라
하카타
쓰저우
항저우
양저우
쑤저우

더 알아보기

청해진 대사 장보고(?~841년)

통일신라 때 지방 세력가이자 대상인이다. 본명은 궁복 또는 궁파로, '활보', 즉 '활 잘 쏘는 사람'이라는 뜻을 지녔다. 9세기 초에 '바다의 왕자'로 세력을 떨쳤던 장보고는 대표적인 해상 세력 출신이다. 골품제로 신라에서는 출세가 어려웠기에 장보고는 어린 시절 당에 건너가 군인으로 출세했다. 이후 그는 산둥반도 적산촌에 법화원이라는 절을 세웠고, 이곳을 신라인들의 친목과 단결을 꾀하는 정신적 위안처로 만들었다고 한다.

장보고 동상
(중국 산둥 법화원)

828년 장보고는 해적들이 신라의 해안 지대에 침입해 신라인들을 잡아다 다른 나라에 노예로 파는 만행을 보고 격분하여 신라로 돌아와 국왕에게 보고한 후 1만의 병사를 얻어 지금의 완도에 청해진을 설치하고 청해진 대사가 됐다. 청해진은 당에서 신라의 흑산도와 남해안을 거쳐 일본의 규슈 북부에 이르는 국제 무역 항로의 중간에 위치한 곳이었다. 장보고는 이곳을 기지로 하여 해적을 소탕하고 서해의 무역로를 보호하면서 서해 일대의 해상권을 장악함으로써 당-신라-일본을 연결하는 국제 무역을 주도했다. 장보고는 무역을 통해 막대한 부와 명성을 얻게 됐고, 서남 해안 일대의 커다란 해상 세력으로 성장했다.

한편, 장보고에 관한 이야기는 일본 헤이안 시대의 승려인 엔닌(圓仁, 794년~864년)이 쓴 『입당구법순례행기』에도 나온다. 그는 중국 유학 중에 장보고가 세운 적산 법화원에서 신세를 지냈던 일을 일본에 귀국한 다음 장보고에 감사 편지를 전한 얘기를 여행기에 적고 있다.

03

학문과 종교가 발달하다

울진 봉평리 신라비(경북 울진)

법흥왕 11년(524)세워진 약 2m 높이의 신라 비석이다. 1988년 경상북도 울진 봉평리에서 발견되었고, 오랫동안 땅속에 파묻혀 있었던 탓인지 파손 없이 거의 원형을 유지하고 있었다. 이 비는 지금까지 알려진 어떠한 비들보다 내용이 더 풍부하고 비교적 새로운 내용을 담고 있다. 법흥왕대에 반포된 율령, 신라 6부의 성격, 관등제나 지방통치 방식의 문제들까지도 접근해 볼 수 있는 실마리를 제공하고 있다.

하동 쌍계사 진감선사탑비(경남 하동)

쌍계사에 있는 통일신라 시대의 비석이다. 진감선사는 당나라에 유학을 다녀와서 쌍계사를 창건하고 역대 왕들의 존경을 받았다. 신라 정강왕이 진감선사의 높은 도덕과 법력을 기리고자 이 비를 세웠다고 한다. 당대의 최고의 문장가였던 최치원이 비문을 써서 더욱 유명해졌다.

1. 유학적 소양과 능력으로 관리를 뽑다

신라는 당의 영향을 받아 신문왕 2년(682)에 국립 교육 기관인 국학을 설치하여 능력 있는 관리를 양성하고자 했다. 국학에서는 유학 경전을 위주로 교육하고, 행정 실무에 필요한 산학(수학)과 같은 잡학을 가르치기도 했다. 그 중 유교 경전의 기본이라 할 수 있는 『논어』와 『효경』은 공통 과목으로 가장 중요시했다.

이후 원성왕은 관료제를 강화하기 위한 정치 개혁으로 원성왕 4년(788) 독서삼품과(독서출신과라고도 불림)를 실시했다. 이 제도는 유학 경전과 사서 등에 대한 이해 정도를 기준으로 관리를 뽑는 것이다. 이미 설치된 국학과도 연계되어 유학적 교양과 능력을 갖춘 지식인이 관리가 되어 나랏일을 할 수 있게 되었다.

신라 사회는 뿌리 깊이 남아 있는 골품제로 인해 개인의 능력보다 핏줄을 중요시하는 사회였으므로 진골 귀족들의 반대가 컸다. 결국 독서삼품과는 점차 유명무실해졌다. 하지만 독서삼품과의 시행은 관리 임용의 기준을 학문적 능력에 둠으로써 골품제라는 신분에 의존하던 기존의 불합리한 관리 선발에 대한 반성을 이끌었고,

독서삼품과
신라의 새로운 관리 등용 방법임과 동시에 국학의 졸업생을 상대로 국학에서 배운 학과에 대해 시험을 보는 제도였다. 이를 표로 정리하면 다음과 같다

구분	관리 등용 기준
특품(特品)	오경(주역 · 시경 · 서경 · 예기 · 춘추), 삼사(사기 · 한서 · 후한서), 제자 백가의 서적에 통달한 자
상품(上品)	춘추좌씨전, 예기, 문선을 읽어 그 뜻을 잘 통하고, 논어, 효경에도 밝은 자
중품(中品)	논어, 곡례, 효경을 읽은 자
하품(下品)	곡례, 효경을 읽은 자

설총 묘(경북 경주)
신라 중대의 학자 설총의 무덤이다. 설총의 아버지는 승려 원효이고, 어머니는 요석공주였다. 설총의 신분은 6두품 출신이었지만, 유교 경전에 해박한 학자로 한자의 음과 뜻을 빌려 우리말을 적는 표기법인 이두의 정리에 큰 업적을 남겼다. 또한 꽃을 의인화하여 어진 임금 밑에는 어진 신하가 모인다는 교훈을 담은 『화왕계』를 짓기도 했다.

유능한 유학자의 배출에도 기여했다.

유학의 발달과 더불어 한문학에 뛰어난 학자들도 배출됐다. 강수·설총·김대문·김운경·최치원 등이 대표적인 인물로 이들의 대부분은 6두품 출신이었다. 이중 강수는 외교문서 작성에 뛰어났고, 설총은 신문왕에게 왕이 경계해야 할 교훈을 담은 의인체 작품 「화왕계」를 지었다. 또한 그는 한자의 음과 훈을 빌려 우리말을 적던 표기법인 이두를 정리했다.

진골 출신의 학자인 김대문은 당대 최고의 문장가로 신라의 중요 사건을 기록한 『계림잡전』과 화랑들의 전기인 『화랑세기』, 고승의 일대기인 『고승전』, 지리책인 『한산기』 등을 지었다.

문학 작품으로는 향가가 유행했는데, 향가는 신라인들이 부르던 노래로 일종의 정형시라고 할 수 있다. 오늘날 향가는 『삼국유사』와 『균여전』에 25수가 전해지고 있다. 그러나 아쉽게도 진성여왕 때 편찬된 향가집인 『삼대목』은 현재 전하지 않고 있다.

2. 신라의 인재들, 당나라로 유학을 가다

통일 후 당나라와의 관계가 개선되자 종교나 학문을 배우기 위해서 많은 신라 유학생이 당에 파견됐다. 이를 '도당 유학생' 또는 '숙위학생'이라고 부른다. 이들은 당나라에 머물면서 선진 학문과 문물을 익히고 당과 신라 사이의 정치·문화의 연결고리 역할을 했다. 특히 능력은 있으나 정치적으로 소외되었던 6두품 출신들이 당으로 많이 건너갔다. 이들은 당나라 유학을 통해 신라 사회의 모순인 골품제를 극복하고자 했던 것이다.

이들 가운데 능력이 출중한 자들은 당나라에서 외국인을 상대로 보았던 빈공과라는 과거 시험에 합격해 당나라 관료가 되기도 했다. 최치원이 그 대표적인 인물로 손꼽힌다. 그는 다양한 사상과 학문에 깊은 이해를 지닌 학자이자 뛰어난 문장가였다.

신라 6두품 집안 출신으로 12살의 어린 나이에 당나라로 떠난 최치원은 18세에 빈공과 장원으로 합격했다. 최치원은 당시 황소가 난을 일으켜 당나라 수도를 점령하고 있자 '토황소격문'을 지어 명성을 천하에 떨치기도 했다. 그후 28세의 나이에 귀국하여 신라의 관리가 됐고, 진성여왕에게 시무 10여 조를 올려 신라 정치의 개혁안을 제시하기도 했다.

그러나 중앙 진골 귀족들은 최치원의 개혁안을 받아들이려 하지 않았고 골품제의 한계를 절감한 그는 결국 은둔 생활을 하면서 여러 곳을 돌아다니다 세상을 떠났다고 한다. 그의 유교 사상은 훗날 고려의 최승로에게 이어졌고 최치원은 이후 한국 유학사의 중요한 인물로 남았다.

토황소격문
"무릇 바른 것을 지키고 떳떳함을 행하는 것을 도라 하고, 위험한 때를 당해서 변통하는 것을 권이라 한다. 지혜로운 사람은 때에 순응해 성공하지만 어리석은 자는 이치를 거슬러 패하는 법이다."라는 내용으로 되어 있다.

최치원(859년~?)
그는 유교 · 불교 · 도교에 이르기까지 깊은 이해를 지녔던 학자이자 뛰어난 문장가이다.

피향정(전북 정읍)
피향정이란 이름은 정자의 양 옆 연못에 핀 연꽃의 향기가 주위에 가득하다 하여 붙여진 이름이다. 이 건물은 호남지방에서 가장 대표적인 정자 중의 하나로 신라 정강왕 1년(887)에 최치원이 태산군수로 있을 때 들러서 풍월을 읊었던 곳으로 유명하다. 현재의 모습은 조선 시대에 와서 다시 지은 것이다.

3. 불교 문화를 꽃 피우다

통일신라는 불교를 중심으로 문화를 크게 꽃 피웠다. 고구려와 백제 불교를 흡수, 통합하고 중국과의 교류를 더하여 신라 불교계는 폭넓고 다양한 불교 사상을 정립했다. 특히 원광·자장·의상 등 진골 출신의 승려들이 중국으로 불교 유학을 다녀와서 왕실과 귀족들에게 많은 영향을 미쳤다.

원광은 중국에서 공부하고 돌아온 후 세속오계를 만들어 화랑들이 지켜야 할 계율을 제시했고, 진평왕의 요청으로 수나라의 원정군을 청하는 「걸사표」를 짓기도 했다. 그는 대승 불교를 연구한 신라 최초의 학승이라 할 수 있다.

자장 역시 당나라에서 공부를 하고 귀국한 후 분황사에 머물면서 황

통도사(경남 양산)
한국 3대 사찰의 하나로, 석가모니 부처의 사리가 있는 사찰이다. 이 절의 창건 유래에 대한 『삼국유사』의 기록을 보면 신라의 자장이 당나라에서 불법을 배우고 돌아와 신라의 대국통이 되어 왕명에 따라 통도사를 창건하고 불법을 널리 전한 데서 비롯된다.

룡사 구층탑 창건을 선덕여왕에게 건의해 만들게 하였다. 더불어 중국의 제도를 본따 신라도 중국식 관복을 입도록 했으며 당나라의 연호 사용을 건의하기도 했다. 또한 통도사 등 전국 각지에 절을 짓고 불법을 강의했다.

한편, 6두품 출신인 원효는 불교를 대중화하는데 힘을 기울였다. 그는 당시 귀족적 불교를 민중 불교로 바꾸었으며 불교 대중화를 위해 '일심(一心) 사상'을 강조했다. '일심 사상'은 모든 인간은 한마음을 가지고 있으며 누구나 부처님의 가르침에 의해 성불할 수 있다는 점에서 만인이 평등하다는 사상이다.

이어 그는 신라에 들어온 다양한 종파 사이의 갈등과 차이를 하나의 진리로 종합하고 정리하여 '화쟁 사상'을 펼쳤다. '화쟁 사상'은 일반 민중을 중심으로 모든 인간은 평등하다는 기본 원칙에서 출발했다. 곧 성인뿐만 아니라 악인도 성불할 수 있다는 주장은 당시 하층민인 백성들에게 크게 환영을 받았다.

원효(617년~686년)

출가하기 전 이름은 설서당이고 스스로 원효로 법명을 지었다. 진덕여왕 2년(648) 황룡사에서 승려가 된 후 독자적으로 수도에 정진하여 정토 신앙을 전파하여 불교 대중화에 힘을 쓴 승려이다. 34세 때 의상과 함께 당나라로 가다 고구려군에게 쫓겨 돌아왔다. 10년 뒤 다시 의상과 함께 당나라로 향했으나 해골에 고인 물을 마시고 깨달음을 얻고 바로 신라로 돌아왔다고 한다.

태종무열왕의 둘째 딸인 요석공주와의 사이에서 설총을 낳았고, 그는 당에서 들여온 『금강삼매경』을 강론하여 명성을 떨쳤으며, 참선과 저술로 일생을 보냈다. 그는 200여 권의 저술을 통해서 교파 간의 갈등과 차이를 극복하는 화합을 강조했다. 이것이 화쟁 사상이다.

원효는 가난하고 무지한 백성들도 부처의 모습과 공덕을 생각하며 '나무아미타불'이란 염불만 해도 극락왕생을 할 수 있다고 가르쳤던 것이다. 광대들이 가지고 노는 큰 박으로 놀이 도구를 만들어 이를 '무애'라 했고 불교의 교리를 쉬운 노래로 만들어 각지를 떠돌아다니며 가난한 백성들과 어울렸다. 이 신앙은 불교 대중화를 위한 최고의 수단으로 현재까지도 가장 대중적이고 서민적인 신앙 형태이다.

원효와 함께 불교 대중화를 이룬 인물로 의상이 있다. 그는 진골이었던 자신의 신분에 안주하지 않고 불교 활동에서 모두가 평등하다고 여겼다. 의상은 중국 화엄종의 대가로부터 화엄학을 배웠고, 신라로 돌아

와 신분과 관계없이 10대 제자를 중심으로 교단을 통해 불교 대중화를 위해 노력했다.

그는 화엄종 이론의 실천을 강조하면서 백성을 교화시키는 일을 게을리 하지 않았다. 이러한 의상의 노력은 통일신라 사회의 안정에 기여했고, 부석사 등 전국에 10개의 사찰을 건립하며 대중들에게 널리 불교를 전파했다.

의상(625년-702년)
우리나라 화엄종의 시조이자 화엄10찰의 건립자로 661년 당나라로 건너가 지엄스님의 문하에서 화엄종을 배우고 귀국하여 해동 화엄학의 창시자가 되었다. 문무왕 16년 왕명으로 부석사를 세우는 등 전국에 10개의 화엄종 사찰을 건립하였다.

낙산사 해수관음상(강원 양양)
바다를 바라보는 관세음보살상으로 근래에 만들어졌다.

부석사 무량수전(경북 영주)
신라 문무왕 16년에 의상 대사가 창건하였다. 당나라에 유학가 도를 닦던 의상이 670년에 당나라가 신라를 침공하려 한다는 소식을 전하려고 돌아온 뒤 다섯 해 동안 양양 낙산사를 비롯하여 전국을 다니다가 마침내 자리 잡은 곳이 바로 이곳 부석사라고 한다. 의상은 이곳에서 화엄 사상을 닦고 수많은 제자를 길러냈다.

부석사 부석(浮石)과 선묘각(경북 영주)
의상 대사가 당나라에서 공부를 하고 귀국할 때 그를 좋아한 선묘라는 낭자가 용으로 변하여 따라와 의상 대사를 보호했다고 전해진다. 의상 대사가 절을 지을 때 도적들이 방해하므로 선묘가 바위로 변해 물리쳤다고 한다

낙산사 원통보전과 칠층 석탑 (강원 양양)
671년 의상이 창건했다. 6·25 전쟁으로 불에 탄 건물들은 1953년에 다시 지었다. 3대 관음기도도량 가운데 하나이며, 관동 팔경의 하나로 유명하다. 경내에는 조선 세조 때 세운 칠층 석탑을 비롯하여 원통보전 등이 있다. 2005년 4월 큰 산불로 대부분의 전각은 소실됐다가 다시 지었다.

의상대(강원 양양)
의상이 낙산사를 창건할 때 머물면서 좌선했다고 한다. 경치가 좋아 예로부터 시인이나 묵객들이 즐겨 찾는 곳이었다.

04

통일 신라,
민족 문화를
꽃피우다

"寺寺星張(사사성장) 塔塔雁行(탑탑안행)"

사찰들은 별처럼 펼쳐져 있고, 탑들은 기러기떼 처럼 줄지어 있다(『삼국유사』)
당시 사찰과 탑이 매우 많았음을 표현한 말이다.

철원 도피안사 철조비로자나불좌상(강원 철원)
신라 말과 고려 초에는 철로 만든 불상이 많이 만들어지는데
가장 대표적인 유물이다. 불상 뒤에 경문왕 5년(865)에 만들
었다는 기록이 있어 정확한 연대를 알 수 있다.

경주 석굴암 보존불(경북 경주)
경주의 토함산 동쪽에 있는 대표적인 석굴 사원. 신라 경덕왕 때 김대성이 축조한
것으로, 그는 전생의 부모를 위해 석불사 곧 석굴암을 창건하고 현생의 부모를 위
해서는 불국사를 세웠다고 한다 석굴암은 통일신라의 문화와 과학의 힘, 종교적 열
정의 결정체이며 국보 중에서도 으뜸으로 꼽히는 문화재이다. 1995년에 유네스코
세계 문화유산으로 지정되기도 했다.

1. 사회의 안정 속에서 문화가 살찌다

통일신라는 정치·사회적 안정 속에서 백제·고구려 문화를 흡수하고 발전된 당나라 문화를 적극 수용하며 문화를 크게 발전 시켰다. 귀족들의 경제적 기반 확대와 강력한 왕권 확립은 통일신라 문화의 번영을 이끌었다. 또한 지방 행정 조직의 개편으로 중앙의 귀족 문화가 지방으로 확산될 수 있었는데, 특히 5소경을 중심으로 발전했다.

영토의 확장으로 왕경(왕이 있는 도읍지. 경주 지역) 내에는 종전의 월성 이외에 더욱 확장된 궁궐을 짓기 시작했다. 마치 지금의 신도시처럼 경주 분지 내에 있는 왕경은 질서 정연하게 만들어졌다.

금동문고리(국립경주박물관)
통일신라 시대 건축물의 장식문화를 엿볼 수 있는 유물이다. 저택의 대문 문고리인데, 이 문고리는 같은 틀에서 떠내어 도금한 것으로 안압지에서 여러 점이 출토되었다. 부릅뜬 눈과 큰 코, 양 볼의 갈기와 송곳니를 드러낸 큰 입 등이 매우 정교하고 세련된 제작기술을 보여준다.

왕경 유적 중 안압지(동궁과 월지)가 대표적인데, 안압지는 삼국 통일을 전후로 조성하기 시작하여 문무왕 14년(674)에 완성했다고 한다. 통일신라 시대에는 월지라고도 불렸는데, 이곳에서는 귀한 손님을 대접하거나 나라의 행사가 있을 때 연회를 베풀었다. 이 연못 안에서 각종 생활 용구들과 금동 제품, 장신구·주사위·목선·목간 등 수많은 유물이 출토되어 당시의 모습을 살필 수 있다. 이를 위해 안압지 전시관이 만들어졌다.

2. 화려한 불교 문화를 이루다

1) 수많은 사찰이 만들어지다

신라 불교는 삼국 중 가장 늦게 들어왔으나 통일 과정에서 호국 불교의 성격을 띠면서 신라인들이 사상적 기반이 됐다. 이러한 연유로 통일 전후 사천왕사·감은사·불국사

목간
종이가 발명되기 이전이나 종이가 귀했던 시절에 얇고 긴 나무쪽에 문서나 편지 등을 써놓은 것을 목간이라고 한다. 안압지에서는 102점의 목간이 출토되었는데, 끈으로 묶어 매달 수 있도록 위쪽에 구멍이나 홈이 있는 것이 많다.

사천왕사지(경북 경주)
신라가 삼국을 통일한 뒤 최초로 건립된 쌍탑을 배치한 사찰이다. 부처님의 힘으로 나라를 지키려는 문무왕의 염원이 담긴 호국 불교 사찰이다. 탑지에서 출토된 사천왕상전은 당시 최고의 조각가 양지의 작품으로 전해진다.

경주 불국사 청운교 및 백운교(경북 경주)
불국사의 대웅전을 향하는 자하문과 연결된 다리로 위의 계단이 청운교, 아래 계단이 백운교이다.

등 많은 사찰이 지어졌다.

통일신라 시대에 불교가 국가적으로 장려되고 여러 종파로 분화되면서 건축에는 새로운 변화가 생겼다. 사찰의 숫자가 많이 늘어났고 산지에 만들어지는 사찰이 많아졌다. 이 시기의 대표적인 사찰은 경주 토함산의 불국사와 석굴암으로 유명한 석불사가 있다. 불국사는 삼국통일 이전에 있었다고 하나 불확실하고, 경덕왕 10년(751)

재상인 김대성에 의하여 크게 다시 짓기 시작하여 혜공왕 때 완공되었다. 불국사 내 청운교·백운교·연화교·칠보교 등의 석조물과 대웅전 앞의 삼층 석탑·다보탑 그리고 비로전 등은 불국사의 예술적 아름다움을 더한다.

참 한국사 이야기

석굴암은 신라인들의 신앙과 염원, 뛰어난 건축미, 성숙한 조각 기법을 보여주는 한국의 대표적인 석굴 사찰이다. 불국사와 마찬가지로 김대성이 짓기 시작했는데 경덕왕 10년에 조성을 시작, 그가 죽은 혜공왕 10년(774)에도 공사가 끝나지 않아서 마지막에는 국가에서 완성시켰다고 한다. 불국사 윗쪽인 토함산 중턱에 화강암을 이용하여 인위적으로 석굴을 만들고, 내부 공간에 본존불인 석가여래불상을 중심으로 주위 벽면에 보살상 및 제자상과 역사상, 천왕상 등 총 40구의 불상을 조각했다.

석굴암 석굴은 건축·수리·기하학·종교·예술 등이 유기적으로 결합되어 있는 신라 불교 예술의 최고 걸작으로 손꼽힌다. 석굴 속에 모셔진 위엄과 자비를 겸하며 생명감이 가득한 부처의 표정과 신체 표현에서 당시 신라인의 이상적인 불상의 자태를 볼 수 있다. 이처럼 종교와 예술이 조화된 불교문화의 정수를 보여 주는 불국사와 석굴암은 유네스코 세계 문화유산으로 지정되어 있다.

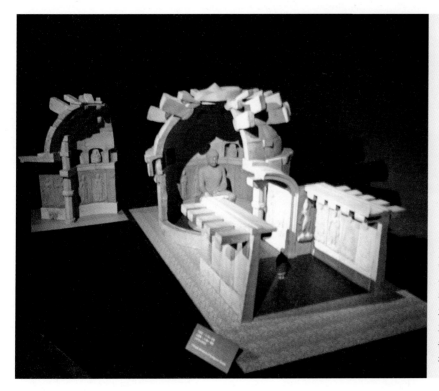

석굴암 입체 모형(국립중앙박물관)
석굴암은 신라 불교 예술의 가장 걸작으로 평가받고 있다. 과학적 건축법과 원숙한 조각 기법을 바탕으로 종교적 관념을 예술 과학으로 이뤄낸 이상적인 석조건축물이다.

2) 에밀레종의 신화가 탄생하다

통일신라의 대표적인 범종으로는 상원사 동종과 성덕대왕 신종이 있다. 성덕왕 24년(725)에 만들어진 오대산 상원사 동종은 국내에 현존하고 있는 범종 가운데 가장 오래된 종이다. 성덕대왕 신종과 더불어 종소리는 물론, 청동 합금 및 주조기술 면에서 최고 수준이라고 평가받고 있다. 종의 위쪽에 위치한 소리의 울림을 도와주는 음통은 우리나라 동종에서만 찾아볼 수 있는 독특한 구조이다.

성덕대왕 신종(국립경주박물관)
혜공왕이 할아버지 성덕왕을 기리기 위해 완성했다는 성덕대왕 신종은 에밀레종이라고도 불린다.

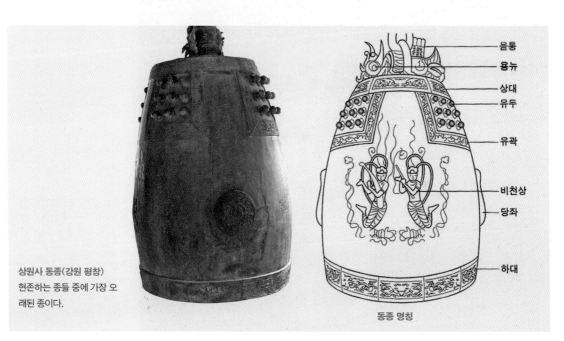

상원사 동종(강원 평창)
현존하는 종들 중에 가장 오래된 종이다.

동종 명칭

음통
용뉴
상대
유두
유곽
비천상
당좌
하대

성덕대왕 신종은 현존하는 가장 큰 종으로 무게가 무려 18.9톤에 이른다. 경덕왕이 아버지인 성덕왕의 공덕을 널리 알리기 위해 종을 만들려했으나 뜻을 이루지 못하고, 그 뒤를 이어 혜공왕이 771년에 완성하여 성덕대왕 신종이라고 불리게 됐다. 이 종은 처음에 봉덕사에 달았다고 해서 봉덕사종이라고도 하고, 아기를 시주하여 넣었다는 전설로 아기의 울음소리를 본 따 '에밀레종'이라고도 불린다. 화려한 문양과 조각 수법이 시대를 대표하는 걸작으로 평가되고 있다.

3) 전국 각지에 많은 불상이 만들어지다

통일신라 불상은 토착적인 불교 조각의 전통 위에 고구려와 백제의 요소도 같이 혼합됐다. 군위에 있는 석굴 속에 모셔진 아미타여래상은 옛 신라의 석조 불상 양식을 발전시킨 것으로 암벽 위에 있는 자연 동굴에 다른 지역에서 가져온 화강암으로 불상 3구를 조각하여 배치했다. 석굴암보다 1세기 가량 앞선 것으로 우리나라 석굴 사원의 효시라고 할 수 있다.

군위 아미타여래삼존 석굴(경북 군위)
700년경에 조성된 것으로 자연절벽의 자연 동굴 속에 만들어진 것이다. 인공적인 석굴 사원인 석굴암보다도 조성 연대가 앞선다. 가운데 여래상의 높이는 2.88m, 왼쪽 보살상은 1.92m, 오른쪽 보살상은 1.8m에 이르는 큰 석불들이다.

사천왕상 복원(국립경주박물관)
사천왕사 터에서 나온 사천왕상 파편 조각을 복원한 작품이다. 사
천왕의 정확한 신체 표현과 정교한 세부 무늬, 그리고 악귀의 사
실적 표현은 생동감과 함께 현실감을 준다. 이러한 조형 감각은
삼국 시대에는 볼 수 없었던 완벽한 기법의 사실적 표현이다.

금동판 불상(국립경주박물관)
금동판이 주조된 것이라고는 상상하지도 못할 정도로 섬세하고 사실적
인 작품이다. 7세기 중반 이전의 신라 불상에서는 전혀 찾아볼 수 없는
부드러움과 자연스러움이 있다. 적절한 신체 비례와 온화한 미소, 신체
의 굴곡을 따라 자연스럽게 표현된 크고 작은 옷 주름들, 손가락과 발
가락의 미세한 움직임 등 뛰어난 예술성을 자랑하고 있다.

　　　　사천왕사 터에서 나온 사천왕상은 여러 개의 파편으로 남아 있는데
사천왕이 활과 화살 그리고 창을 들고 두 다리를 내려뜨려 악귀를 밟고
있는 형상이다. 갑옷이나 다리 근육이 매우 사실적으로 표현되어 있고,
고통스러워 보이는 악귀의 얼굴 표정이 이채롭다. 이러한 조형 감각은
삼국 시대에는 볼 수 없었던 사실적 표현 기법이다.

　　　　이외에 7세기 후반 통일신라 불상의 국제적인 조각 양식을 보여주는
대표적인 예는 경주 안압지에서 출토된 금동판 불상이다. 왕실에서 제
작해 모신 불상이라는 점에서 신라 왕실의 불교 신앙을 엿볼 수 있다.
자유로운 표현을 구사하면서도 단정함과 화려함을 잃지 않은 작품으로
평가된다.

4) 많은 탑을 세워 부처님을 받들다

신라의 석탑은 신라가 삼국을 통일하면서 삼국 문화를 하나의 형식으로 집약하고 정돈한 것이라 할 수 있다. 가장 대표적인 것이 감은사지 삼층 석탑이다.

호국 불교의 중심 사찰인 감은사는 현재 절 터에 두 탑만이 외롭게 남아있다. 하지만 원래 불교의 힘으로 일본의 침략을 막으려는 의도로 문무왕 때 착공하여 그의 아들인 신문왕 2년(682)에 완성한 호국 사찰이다. 감은사의 건립과 함께 전해지는 전설에 의하면 죽어서 큰 용이 된 문무왕은 천신이 된 김유신과 함께 나라의 모든 근심과 걱정을 없애는 신통력을 지닌 만파식적을 신문왕에게 내렸다고 한다.

불국사 다보탑(경북 경주)

1925년경에 일본인들이 탑을 해체, 보수하였는데 기록이 남아있지 않는다. 또한 탑 속에 두었을 사리와 사리장치, 그 밖의 유물들이 이 과정에서 모두 사라져버려 그 행방을 알 수 없게 되었다. 기단의 돌계단 위에 놓여있던 4마리의 돌사자 가운데 3마리가 일제에 의해 약탈되어, 현재는 1마리의 돌사자가 남아있다.

감은사지(동·서 삼층 석탑, 경북 경주)

신라를 통일하고 동해 바다의 용이 된 문무왕을 위하여 만들었다는 이야기가 전해지는 사찰 터이다. 『삼국유사』에 따르면, 문무왕이 왜병을 진압하고자 감은사를 짓기 시작하였으나 끝내지 못하고 죽었기 때문에, 그의 아들 신문왕이 유지를 이어받아 나라를 지키는 사찰로서 682년(신문왕 2)에 완공하였다고 한다.

무구정광대다라니경(국립중앙박물관)
8세기 초 목판으로 세계에서 가장 오래된 목판 인쇄물이다.

경덕왕 때 불국사가 창건되면서 삼층 석탑과 다보탑이 만들어졌다. 특히 불국사 삼층 석탑(석가탑)은 한국 석탑의 전형 양식으로 자리잡게 됐다. 또한, 해체 복원 공사 중 세계에서 가장 오래된 목판인쇄물인 무구정광대다라니경이 발견되었다.

8세기 중엽 이후에 이르러서는 전형적 석탑 양식이 아닌 특수한 양식이 발생했는데, 가장 좋은 예가 불국사 다보탑과 화엄사 사사자 삼층 석탑이다. 다보탑은 층수를 헤아리기가 어렵지만 '십(十)'자 모양 평면의 기단에는 돌계단을 사방에 마련하고, 8각형의 탑신과 그 주위로 네모난 난간을 돌린 특이한 형태의 이형 석탑이다.

통일신라시대 탑

감은사지 삼층 석탑(경북 경주)
2중의 기단에 사각형으로 쌓아올린 3층 석탑으로, 동·서 두 탑이 똑같은 크기와 모양으로 서 있다. 감은사는 682년에 창건되었으므로 이 탑도 그 무렵에 만들어졌을 것으로 여겨진다. 1960년에 서쪽 탑을 수리할 때 3층 탑신에서 창건 당시에 넣어둔 사리 장치가 발견되었다.

불국사 삼층 석탑(경북 경주)
석가탑이라고도 부르는 불국사 삼층 석탑은 기단이나 탑신에 아무런 조각이 없어 간결해 보이고 비례와 균형이 안정되고도 아름다운 느낌을 주고 있다. 이 탑은 한국형 석탑의 원형이 되어 그 후 대부분의 석탑이 이 탑의 형태를 따르고 있을 정도이다.

화엄사 사사자 삼층 석탑도 다른 탑과 구별되는 매우 독특한 구조를 가지고 있다. 탑의 위치가 절의 중앙이 아닌 위쪽에 있는 점도 특이하다. 기본적으로는 이중 기단과 탑신 사이에 네 마리 사자가 탑신부를 받치고 있는데, 기단 모서리에 사자를 넣어 사자 위에 탑이 서 있는 독특한 형태는 우리나라에서 이 석탑이 유일하다.

화엄사 사사자 삼층 석탑(전남 구례)
화엄사를 창건한 연기 조사가 어머니를 기리기 위해 세운 탑으로 이 탑은 경주 불국사의 다보탑과 함께 우리나라 최고의 이형 석탑으로 손꼽힌다. 이형 석탑이란 일반적인 탑 모양과는 다르게 생긴 특이한 형태의 석탑을 말한다. 현재 국내에 남아 있는 여러 사자탑 가운데 가장 우수한 작품으로 여겨지고 있다.

진전사지 삼층 석탑(강원 양양)
진전사 옛터에 서 있는 5m 높이의 삼층 석탑으로 8세기 후반에 세워진 것으로 추정된다. 이 탑은 통일신라 시대 전성기의 정교함과 기품을 유지하고 있으면서도 화려하거나 장식적이지 않고 단아한 모습을 하고 있다. 경주의 탑들이 신라 중앙 귀족의 권위를 상징한다면 이 탑은 지방 호족의 새로운 문화 능력을 과시한 것이라 할 수 있다.

신세동 칠층 전탑(경북 안동)
국내에서 가장 크고 오래된 통일신라 시대 칠층 전탑으로 높이가 17m나 된다. 이 일대의 지명을 법흥리라 부르고 있는 것으로 미루어 통일신라 시대에 창건되었다는 법흥사에 세워진 전탑으로 추정된다. 지금은 없지만 기록을 보면 탑의 꼭대기에는 금동 장식이 있었을 것으로 보인다.

통일신라하면 빼놓을 수 없는 또 다른 석탑으로는 진전사지 삼층 석탑을 들 수 있다. 전체적인 균형이 잡혀있으면서 옥개석(지붕돌)의 치켜 올림이 경쾌하고, 받침돌과 몸돌에 새겨진 조각은 그 가치를 더해주고 있다.

통일신라 시대에는 석탑과 아울러 벽돌로 만든 전탑도 유행했다. 신라 전탑은 순수하게 벽돌만을 사용한 중국 전탑에 비해서 일부에 화강 암 석재를 사용한 점이 다르다. 이를 벽돌을 모방했다고 하여 모전석탑이라 한다. 주로 탑신부에 감실을 만들 때 그 주변과 감실 자체에 화강암을 사용했다.

감실
불교·유교·가톨릭 등 종교에서 작은 불상·초상, 또는 성체 등을 모셔둔 곳을 말한다.

5) 새로운 양식의 무덤이 나타나고, 첨성대를 세워 천체를 관측하다

통일신라의 왕릉이라 전해지는 유적은 경주를 중심으로 분포되어 있다. 이중에 명칭이 확실하다고 믿어지는 왕릉은 무열왕릉(660년)·신문

통일신라 시대 왕릉

무열왕릉(경북 경주)
삼국 통일을 이끈 신라 제29대 태종 무열왕의 능이다. 일반적으로 통일신라 시대 능묘에는 잘 다듬은 돌로 호석을 돌리고 여기에 동물머리에 사람몸을 한 12지신상을 배치하는데, 무열왕릉의 봉분 장식은 그런 것 없이 소박하다. 능의 전방 동북쪽에 능비가 있으나 현재는 귀부(거북모양의 받침돌)와 이수(비석의 머릿돌)만 남아 있다.

왕릉(692년)·흥덕왕릉(836년)·전 신덕왕릉(917년) 등이다. 왕릉은 불교 장
례 풍습의 퍼지면서 대규모의 고분들이 점차 줄어들었지만, 고려·조선
시대의 왕릉으로 이어지는 한국식 왕릉 형태의 시작이라는 점에 중요한
의미가 있다.

**김유신(595년~673년) 묘
(경북 경주)**
신라 삼국 통일의 주요 인물인
김유신이 죽자 흥덕왕은 그를
흥무대왕으로 받들고 왕릉의
예에 갖춰 무덤을 만들었다고
한다.

헌덕왕릉(경북 경주)
신라 제41대 헌덕왕의 능이다. 왕릉의 호석 구조는 전통적인 12지신상 양식을 계승하였으나 이웃하는 12신상 사
이에 들어가는 돌의 수가 이전 시기 왕릉보다 더 많아졌다. 그만큼 봉분의 지름이 커진것이다. 헌덕왕릉은 12지신
신상이 둘러싸인 형태의 신라 왕릉 가운데 가장 큰 규모를 자랑하고 있다.

첨성대(경북 경주)
신라 선덕여왕 때에 세운 동양에서 가장 오래된 천문대로 통일신라 천문학의 높은 발전 면모를 보여 주고 있다. 또한 치밀한 설계를 바탕으로 건축된 석조 건물로, 예술성과 과학 기술이 최상의 조화를 이룬 세계적 유물이다. 한편에서는 제사를 지낸 곳이라는 견해도 있다.

한편, 경주에는 삼국 통일의 최고 공신인 김유신 장군 묘가 있다. 김유신 장군은 죽은 뒤 흥무대왕이라는 왕의 칭호까지 얻었다. 여러 호석과 난간석, 십이지신상이 호화롭게 치장되어 있는 그의 묘는 다른 왕릉과 비교해도 손색이 없을 정도이다.

통일신라 시대에는 천문학이 발달하여 첨성대를 세워 천체를 관측하기도 했다. 동양에서 가장 오래된 천문대인 첨성대는 당시의 높은 과학 수준을 보여주고 있다. 천문학은 하늘의 움직임에 따라 농사 시기를 결정할 수 있다는 점에서 농업과 깊은 관계가 있고, 관측 결과로 국가의 길흉을 점쳤다고도 한다 그래서 일찍이 천문은 국가의 큰 관심사였고, 첨성대 건립의 배경이 되었을 것으로 여겨진다. 『삼국유사』에 의하면 첨성대는 신라 선덕여왕 때 건립했다.

6) 서역과 교류하다

삼국을 통일한 신라는 당시 동아시아 문화의 중심지였던 당과 활발히 교류하면서 선진 문물을 수용했다. 덕분에 당의 수도인 장안에 몰려든 외교 사절이나 상인을 통해서 서역의 문물들이 자연스럽게 신라로 흘러들어 왔다.

유리잔(국립경주박물관)
황남대총에서 출토되었다.

원성왕릉(괘릉) 무인상은 곱슬곱슬하고 짧은 수염, 크고 동그란 눈, 특히 머리에 서아시아인들이 쓰고 다니는 터번을 두르고 있다. 또한 용강동에서 출토된 문관상은 머리에 복두를 쓰고 손에는 홀을 들었다. 얼굴에는 덥수룩한 수염과 깊은 눈, 큰 코가 특징인데 이 역시 서역인의 모습이다.

경주 계림로 보검은 신라보검이라고도 불리는데, 황남동에 있는 미추왕릉 지구에서 출토되었다. 쇠로 만든 칼날은 없어지고 장식만 남아있는데, 형태와 장식의 수법이 서역의 것으로 봐서 수입품으

로 여겨지며, 이는 동·서 문화의 교류를 나타낸다. 또한 귀족들에게 인
기가 많았던 유리잔과 유리병 역시 서역에서 온 것으로 추정하고 있다.

통일신라가 서역과 교류한 사실을 보여주는 유물들

경주 계림로 보검(경북 경주)

괘릉 무인상(경북 경주)

경주 용강동 돌방무덤 출토 문관상

인형 토용(경주 용강동 돌방무덤 출토)

석굴암과 불국사 (1995년)

석굴암과 불국사는 통일 신라를 대표하는 문화재로 751년 신라 경덕왕 때 창건하여 774년에 완공되었다. 경주 토함산 중턱에 위치한 석굴암은 인공석굴로 본존불인 석가여래불상 및 보살상, 제자상, 금강역사상, 사천왕상 등의 불상을 조각하여 배치했다. 특히, 주실 내에 봉안된 석가여래불의 아름다움과 과학적인 설계·배치는 매우 놀랍다. 불국사의 연화교와 칠보교 조각 역시 불국사 입구에서부터 그 아름다움을 뽐내고 있다. 불국사 내부의 삼층 석탑(석가탑)은 각 부분의 비례와 균형이 뛰어나고 간결한 아름다움을 지니고 있다. 이어 그 옆에 있는 다보탑은 일반 석탑과는 다른 기발한 예술성이 매우 뛰어난 작품이다.

석굴암(경북 경주)

불국사 대웅전(경북 경주)

경주 남산, 신라 문화의 보고

경주 남산을 부처님의 땅으로 여긴 신라인들이 천년을 두고 다듬었으니, 남산 자체가 그대로 신라의 절이며 신앙인 셈이다. 남산의 40여 개의 계곡 중에서 거의 유적이 없는 곳이 없을 정도이다. 남산은 일찍이 선사 시대의 유적에서부터 신라 건국설화에 나타나는 나정, 왕릉을 비롯하여 고분 유적, 절터, 탑, 불상 등 여러 가지 불교 유적이 밀집되어 있다. '남산에 오르지 않고서는 경주를 보았다고 말할 수 없을 것이다.'고 할 만큼 신라 문화의 보고이다. 특히 화강암이 많아 많은 불적들이 만들어졌다.

남산 용장사곡 석조여래좌상(경북 경주)
남산 용장사지에 있는 불상으로 삼층 석탑형 대좌 위에 안치되어 있는데 머리 부분은 없어졌다. 조각 솜씨는 간명하나 세련되고 긴장감 넘치는 느낌을 주고 있다.

경주 남산 칠불암 마애불상군 (경북 경주)
가파른 산비탈을 깎고 높이 4m 가량의 축대를 쌓아 만든 불단 위에 모셔져 있는 불상이다. 병풍바위에 새긴 삼존불과 사각 돌기둥에 새긴 사면석불상으로, 모두 7명의 부처들이 모셔져 있다. 삼존불은 미소를 머금고 있는 여래좌상을 중심으로 좌우에 협시보살을 배치하였다. 조각 기법 및 양식적 특징으로 보아 통일 신라 시대인 8세기 경에 만들어진 것으로 추정하고 있다.

05

신라의 국가 기강이 흔들리다

문경 봉암사 지증대사탑(경북 문경)
이 승탑은 신라 지증 대사의 묘탑으로, 기단의 바닥돌은 사각형인데 하대의 괴임턱부터는 탑의 모든 부분이 팔각형의 평면으로 되어 있다. 탑 기단부의 하대가 매우 강조되어 있고 탑신부의 지붕돌이 넓은 특징을 지니고 있다. 9세기 말로 가면서 승탑의 조형 양식이 서서히 변형되는 과정을 보여주고 있다.

화순 쌍봉사 철감선사탑(전남 화순)
전형적인 신라 하대 팔각당 승탑으로 정교한 아름다움을 보여준다. 승탑의 건립은 제자들이 스승을 섬기는 마음에서 비롯되었는데 스승이 돌아가시면 정성을 다해 세운다. 우리나라는 9세기 당나라에서 선종이 들어온 이후 크게 유행했다.

구례 연곡사 동 승탑(전남 구례)
전라남도 구례군 연곡사에 있는 통일신라 시대 후기의 승탑이다. 연곡사에는 북 승탑과 서 승탑까지 포함해 총 3기의 승탑이 남아 있는데, 그 중 동 승탑의 형태가 가장 아름답고 우아하다고 평가 받고 있다.

1. 귀족들의 권력 다툼으로 나라가 혼란에 빠지다

신라는 8세기 후반부터 귀족들의 권력 다툼이 매우 심해졌다. 진골 왕족의 수가 늘어났지만 소수의 진골 귀족에게 권력이 집중되면서 왕과 귀족 사이에, 그리고 귀족들 간에 싸움이 자주 일어났다.

경덕왕은 즉위하여 유학 교육을 강화하여 충효를 바탕으로 한 정치이념을 다지고, 대폭적인 관제 개혁을 단행했다. 또한 군현의 명칭을 바꾸어 진골 귀족 세력에 대한 통제를 확실히 하려했다. 그러나 결국 귀족들의 반발로 녹읍이 부활되고 왕권 중심의 관제 개혁은 성공하지 못했다. 이어 경덕왕의 아들 혜공왕이 왕위에 오르자 신라 최고의 관직인 각간(角干)을 맡고 있던 대공이 반란을 일으키는 사건이 발생했다. 대공의 난은 30여 일이나 왕궁을 에워쌌을 정도로 규모가 컸다.

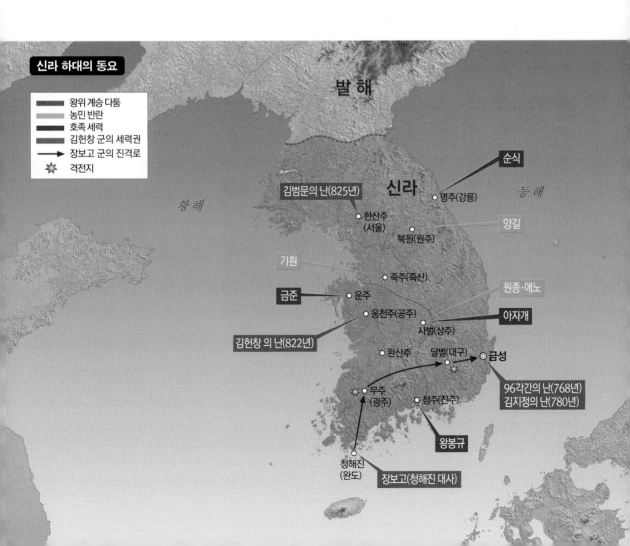

신라 하대의 동요

- 왕위 계승 다툼
- 농민 반란
- 호족 세력
- 김헌창 군의 세력권
- → 장보고 군의 진격로
- ☆ 격전지

발해

신라

황해

동해

순식

김범문의 난(825년)

한산주 (서울)

명주(강릉)

양길

북원(원주)

기훤

죽주(죽산)

원종·애노

금준

운주

아자개

웅천주(공주)

사벌(상주)

김헌창 의 난(822년)

완산주

달벌(대구)

금성

96각간의 난(768년)
김지정의 난(780년)

무주 (광주)

청주(진주)

왕봉규

청해진 (완도)

장보고(청해진 대사)

대공의 반란은 진압됐지만 이를 계기로 96명의 각간이 전국에서 봉기하여 3개월에 걸쳐 서로 싸우는 대란이 발생했다. 이후 신라에서는 계속적인 진골 귀족 간의 세력 다툼으로 150여 년 동안에 20명의 왕이 바뀌는 등 큰 혼란이 계속되면서 왕권이 크게 약화됐다.

중앙에서 뿐만 아니라 지방에서도 반란은 이어졌다. 진골 귀족인 김주원이 왕위 다툼에서 김경신(후에 원성왕)에 밀려난 후 그의 아들인 김헌창이 웅주(공주) 도독이 되어 반란을 일으켰다. 김헌창의 난은 비록 진압됐지만, 2년 뒤 김헌창의 아들인 김범문이 다시 난을 일으킨 것으로 보아서 귀족 간의 갈등이 이미 최고조에 달했고, 왕권은 힘을 잃은 상태가 되었다.

이러한 귀족 간의 극심한 왕위 다툼은 신라의 전통적인 신분 질서인 골품제를 뿌리채 뒤흔들어 사회 혼란을 가져왔다. 신라 사회가 혼란에 빠지자, 6두품 세력과 지방의 호족 세력이 사회 변화를 앞장서서 이끌었다. 6두품 세력은 진골 위주의 사회 체제에 가장 불만이 많은 계층이었다. 같은 중앙 귀족이었던 그들은 골품제로 인하여 능력이 아무리 뛰어나도 관직 승진에 제한을 받아왔기 때문이다.

이후 흥덕왕은 골품제를 재정비하여 문란해진 질서를 회복하고자 했다. 흥덕왕은 관리들의 복색 제도를 정비하고 백성들에게 사치를 금했다. 또한 훗날 장보고의 도움으로 신무왕이 되는 김우징을 시중에 임명하여 정사를 맡기고, 장보고를 청해진 대사로 삼아 해적의 침입을 막게 했다. 그러나 이것

호족(豪族)
중앙의 귀족과 대비되는 지방의 토착 세력을 말한다. 보통 신라 말에서 고려 초에 활동한 지방 세력을 가리킨다.

김주원 묘(강원 강릉)
'명주군왕묘'라고도 불리는데 그 이유는 무덤의 주인 김주원은 신라 태종 무열왕의 6대손으로 785년 선덕왕이 후사가 없이 죽자 군신들이 그를 왕으로 추대하였다. 그런데 경주에서 200리나 떨어진 곳에 있다가 때마침 홍수로 알천이 범람하여 건널 수 없게 되자 김주원 대신에 상대등 김경신을 다시 왕으로 추대하였고 그가 38대 원성왕이 되었다.
이 일로 자신에게 화가 미칠 것을 염려한 김주원은 명주(지금의 강릉)로 도피하였다. 그러나 원성왕은 오히려 김주원을 명주군왕으로 봉하고 동해안 일대의 강릉·통천·양양·삼척·울진·평해 등을 식읍으로 다스리게 하였다. 그 후 김주원은 이곳에서 일가를 이루었는데 강릉 김씨의 시조가 되었다.

흥덕왕릉 전경(경북 경주)
신라 제42대 흥덕왕(재위 826~836)은 해상왕 장보고를 청해진 대사로 임명해 해적을 소탕하게 하였다. 능은 현재 경주의 중심가에서 멀리 떨어져 있다. 봉분의 하단에 12지신상을 양각하였고, 능 앞에 문인석과 무인석이 1쌍씩 배치되어 있는데, 괘릉(원성왕릉)처럼 서역인의 모습을 하고 있다.

도 잠시였고, 흥덕왕 사후에 또 귀족 간의 왕위 쟁탈전이 이어졌다.

이러한 혼란 속에서 귀족들은 중앙 통치 체제의 굴레에서 벗어나 백성들을 수탈하고 자신의 부를 불려나갔다. 소수의 귀족들이 국가와 농민들의 토지를 차지하여 대규모 토지를 소유해 갔다. 여기에 흉년과 전염병 등 천재지변이 겹치면서 농민들의 삶은 더욱 피폐해져 갔다.

사회 혼란은 9세기 말에 이르러 더욱 심해졌다. 이번에는 농민들이 전국 곳곳에서 들고 일어났다. 백성들의 삶은 어려운데 중앙 정부는 세금이 걷히지 않는다고 관리를 보내 세금을 독촉하자, 그 동안 억눌려 왔던 농민들의 분노가 폭발한 것이다. 떠돌아다니던 농민들은 초적이 되어 적극적으로 중앙 정부와 귀족들에게 대항하기 시작했다. 그 규모가 엄청나 군사 조직과 맞먹는 군사력을 발휘할 정도였다.

초적들은 서로 세력을 결집하여 농민군으로 발전해 갔고, 이러한 현상은 전국적으로 일어났다. 농민군은 지도자를 추대하여 일정 영역을 단위로 정치적 결사체가 됐다. 상주에는 원종과 애노가, 죽주에는 기훤이, 원주에는 양길이 초적들을 모아 농민군으로 발전시켰다. 이러한 지도자는 '장군'이나 '성주'로 불리면서 호족으로 군림했다. 이제 신라는 호족들이 서로 패권을 다투는 혼란한 시대가 되고 말았다.

초적(草賊)
신라 말에서부터 후삼국 시기에 걸쳐 나타난 농민 반란군으로 군도(群盜 무리 도적)라고도 불렸다.

2. 새로운 사상이 유행하다

신라 말에는 사회가 변화하면서 사상도 바뀌어 불교의 새로운 종파인 선종이 크게 발전했다. 종전에 유행했던 교종은 경전과 교리를 중시하여 왕실과 귀족들의 후원을 받으며 발전했다. 그러나 선종은 교리보다는 각 개인의 마음속에 있는 불성(佛性)을 깨닫는 것이 더 중요하다고 하며 정신 수양을 통한 해탈을 강조했다. 곧 인간이 타고난 본성 그 자체

보림사(전남 장흥)
가지산 남쪽 기슭에 위치한 보림사는 최초로 선종(가지산파)이 열린 곳이다.

가 부처임을 알면 누구나 불교의 도리를 깨우칠 수 있다는 교리가 지방 호족들과 일반 백성들에게 큰 호응을 얻은 것이다.

선종은 7세기 선덕여왕 때 처음 법랑 스님이 전했으나 널리 퍼지지 않다가, 9세기 초 헌덕왕 때 도의 스님이 전라남도 장흥 보림사에 가지산파를 개창하면서 널리 퍼지기 시작했다. 선종은 이후 전국

선종의 9산 선문 | 신라 하대에 유행한 선종의 9개 종파

황해

신라

동해

수미산
卍 광조사
○ 해주

사굴산 ○ 강릉
卍 굴산사
卍 흥녕사
사자산 ○ 영월

우산

독도

희양산 ○ 문경
卍 봉암사

성주산
보령 ○ 卍 성주사

실상산 ○ 남원
卍 실상사

봉림산
卍 봉림사
○ 창원

동리산 ○ 곡성
卍 태안사

장흥 ○ 卍 보림사

가지산

탐라

9산으로 확대됐다. 또 선종의 유행으로 스님의 사리나 유골을 봉안한 승탑의 건립이 활발해 지기도 했다.

선종이 신라 하대에 유행한 것은 무엇보다도 지방 호족들에게 환영을 받았기 때문이다. 선종의 '나도 깨달음에 이르면 곧 부처이다'라는 교리는 중앙 귀족들에게 반항하여 일어난 호족들의 사상적 근거가 됐다. 그래서 선종의 9산 선문은 대부분 호족들과 밀접한 관계를 가지고 있었다.

한편, 이 시기에는 삼국 시대에 전해진 풍수 사상도 활발해졌다. 도선에 의하여 풍수지리설이 널리 보급되고, 일부 유학자들도 선종과 풍수지리설에 관심을 보였다. 풍수지리설은 산세나 지세 등을 판단하여 이것을 인간의 길흉화복에 연결시키는 이론으로 풍수의 자연 현상과 변화가 인간 생활과 밀접한 관계가 있다는 사상이다. 삼국 시대에 도입된 풍수 사상은 신라 말부터 활발해지고 고려 시대에는 더욱 영향이 강해져 왕실과 민간에 널리 보급됐다.

이처럼 신라 말에는 선종, 유교, 풍수지리설이 서로 결합되어 새로운 사회를 건설하는 데 영향을 주었다. 이러한 사상의 변화는 훗날 고려 건국의 주체가 되는 6두품 세력과 지방의 호족 세력에 의하여 주도되었다.

도선(827년~898년)
신라 말기의 승려이며 풍수설의 대가로 15세에 출가하여 유명한 사찰을 다니면서 수행하였다고 한다. 승려로서보다는 풍수설의 대가로서 널리 알려져 있다. 그는 산천의 지세를 통해 터를 잡았는데 세워진 절이나 탑을 비보사탑(裨補寺塔)이라고 하였다. 풍수지리 사상을 담은 『비기도참서(秘記圖讖書)』를 남겼고, 풍수지리 사상은 후대에 많은 영향을 미쳤다.

전 원주 흥법사 염거화상탑
(국립중앙박물관)
신라에서 고려에 걸쳐 고승의 묘탑으로 전체 평면이 8각형을 이루는 형태(8각 원당형 승탑)가 유행하였는데, 이 탑은 연대가 확실한 것 중에서 가장 오래된 승탑이다. 탑에서 나온 유물을 통해 844년 만들어졌음을 알 수 있다.

실상사(전북 남원)
전라북도 남원시 지리산 기슭 평지에 있는 사찰이다. 통일신라 시대인 흥덕왕 3년(828) 선종의 9산 선문 중 하나로 창건되었고 이 후 9산 선문 중 으뜸 사찰로 발전하였다. 조선 시대에 임진왜란으로 폐허가 되었다가 숙종 26년에 중건되었다.

06

발해, 고구려를 계승하여 발전하다

발해 금제관식(중국 길림성 화룡)
중경현덕부의 서고성 주변의 대표적인 용두산 고분군에서 출토되었다. 고구려 문화를 이어받은 조우관과 비슷한 형태이다.

동모산(중국 길림, 정석배 제공)
중국 길림성 돈화에 있었던 발해 시대 초기의 수도. 698년 대조영이 발해를 건국한 뒤 제3대 문왕 때 상경용천부로 도읍을 옮기기까지 56년 간 발해의 수도였다. 동모산은 백두산에서 북쪽으로 300여리 되는 지점에 위치하며, 사방이 험준한 산맥으로 둘러싸여 있는 천연의 요새였다.

1. 고구려 후예 대조영, 발해를 세우다

668년 고구려가 멸망한 후 고구려 유민들은 여러 갈래로 분산됐다. 당으로 끌려가기도 했고, 신라에 귀화한 사람들도 있었지만 많은 유민은 옛 고구려의 영토에서 말갈과 어울려 살았다. 대조영도 아버지 걸걸중상과 함께 당의 영주 지역에 옮겨져 생활하고 있었다.

당시 영주는 북동쪽의 이민족을 견제하기 위한 당나라의 군사적 요충지로서 이곳에는 많은 고구려·말갈·거란 등의 유민들이 혼재하여 살고 있었다. 그러던 중 거란 출신의 이진충이 696년 당의 압제에 저항하여 봉기하자 이 일대가 혼란에 빠졌다. 이진충의 난은 결국 당나라에 의해 1년 만에 제압당했지만 당시 그곳에 살고 있던 민족들에게 영향을 미쳤다.

이러한 상황에서 고구려 출신 대조영 부자는 유민을 규합하고 말갈 출신의 걸사비우와 함께 당에 반기를 들었다. 당은 처음 회유책을 썼으나 실패하자 거란 출신의 장수 이해고에게 대군을 주어 이들을 공격하게 했다. 전투 중에 걸걸중상과 걸사비우가 죽었지만, 대조영은 남은 고구려와 말갈 유민을 모아 동쪽으로 계속 이동했다.

대조영은 천문령에서 유리한 지형에 매복해 있다가 추격해 오는 당군을 크게 무찔렀다. 그리고 동모산 부근에 도읍을 정하고 발해를 세웠다(698년). 대조영은 처음 자신은 진국왕이라 하고, 건국 직후 당의 공격에 대비하여 돌궐과 친교를 맺기도 했다.

발해의 건국으로 우리 역사는 통일신라와 발해가 양립하는 남북국의 형세를 이루었고 이를 '남북국 시대'라고 부른다. 발해가 건국하고 힘이 커지자 8세기 초에 당은 정책을 바꾸어 발해를 인정하고 회유했다. 곧 발해를 국가로 인정하고 713년에는 '발해군왕'이라는 칭호를 정식으로 주었다. 이는 당시 요서 지역을 차

더 알아보기

유득공의 『발해고』와 남북국 시대

신라와 발해를 가르켜 '남북국'이라는 표현을 처음 사용했다. 유득공은 김부식이 쓴 『삼국사기』에서 발해를 누락했고, 조선 시대 편찬된 『고려사』에도 발해에 대한 역사 인식이 없자, 그의 저술 『발해고』에서 발해는 우리가 세운 나라로 인식하고, 발해를 우리 역사로 편입했다. 곧 발해가 고구려를 계승하여 일어난 국가이기 때문에 통일신라 시대라는 개념보다는 북쪽의 발해와 남쪽의 신라가 공존하는 시대라는 개념을 도입하여 남북국 시대라고 불러야 한다는 주장이다. 이는 유득공의 『발해고』 서문에 처음 나온다.

발해는 당의 지방 정권인가?

중국에서 1970년대부터 제기된 것으로(동북공정) 발해가 당나라 지방 국가였다는 주장이다. 곧 발해는 동북지방 고민족의 한갈래인 말갈이 이룩한 정권이라는것이다. 발해가 멸망한 후 여러 지역에 흩어져있다가 다시 여진으로 이어져 청나라로 계승된다는 것이다. 이 주장은 발해인들이 빈공과에 응시했다는 사실로 미루어 보아 신빙성이 적다. 왜냐하면 빈공과란 신라인이나 발해인과 같은 외국인을 위해서 특별히 설치한 과거 시험이기 때문이다. 발해는 당나라와 전쟁까지 벌인 후에 관계 개선을 위해서 당나라에 조공을 했지만, 고구려 유민들이 세우고 고구려를 계승한 독자적인 국가였다.

지하고 있던 거란·돌궐 등에 대처하기 위해서였다.

발해의 주민은 주로 고구려인과 말갈인이었다. 지배층의 핵심은 고구려인이었고, 일반 백성은 주로 말갈인이 많았다. 고구려가 멸망한 뒤 옛 고구려 유민들이 당나라에 저항했지만 지배층의 분열로 고구려 부흥 운동이 실패하였다. 그러나 비록 나라가 망했지만 옛 고구려 백성들은 계속 고구려의 생활 풍습을 지키며 살고 있었다. 이들이 발해를 세운 주역이었던 것이다.

중국 기록에도 대조영을 '고(구)려의 별종'이라 했고, 대조영의 큰 아들로 발해의 제2대 왕인 무왕이 일본에 보낸 낸 외교 문서에는 "우리나라는 고구려의 옛 땅을 회복했고, 부여의 풍속을 지킨다."고 적었다. 이후 제3대 문왕도 일본에 보낸 국서에 스스로를 '고(구)려의 국왕'이라 칭하는 등 발해는 고구려 계승 의식을 분명히 했다.

2. 발해, '해동성국'이라 불리다

발해를 건국한 대조영이 죽은 후 그의 맏아들인 대무예가 즉위했다. 대무예는 무왕(재위, 719~737)으로 '인안(仁安)'이라는 독자적인 연호를 썼다. 그는 영토 확장에 주력하여 북만주 일대를 장악했고, 이에 신라는 북방 경계를 강화해야만 했다. 무왕은 당나라가 발해의 배후에 있던 흑수말갈을 포섭하여 그 지역에 지방관을 파견하자 이에 강력하게 반발하여 동생인 대문예를 사령관으로 하여 흑수말갈에 대한 원정을 단행하기도 했다.

그러나 당과의 우호적인 관계를 주장했던 대문예가 당에 망명하자 무왕은 그를 돌려줄 것을 당에 요구했다. 당이 이에 응하지 않자 무왕은 장문휴의 해군으로 하여금 당의 등주(산둥반도 지역)를 공격하였다. 장문휴의 발해 수군은 등주에 있는 당의 수군기지를 공격하여 피해를 입혔다. 이에 당은 망명한 무왕의 동생인 대문예로 하여금 발해를 막게 하고, 신라에게도 명령을 내려 발해의 남쪽을 공격하게 했지만 별 소득 없이 끝났다.

737년 당나라와 강경 정책을 펼쳤던 무왕이 죽은 후, 그의 아들 대흠무가 제3대 문왕이 되었다. 문왕은 아버지처럼 국가의 운명을 걸고 전쟁을 하기보다는 발해의 안정을 우선시했다. 그는 당과의 관계 개선을 도모했고 당도 발해를 더 이상 공격하기 어렵다고 판단하여 양국 간에 국교가 재개됐다.

대외적인 안정을 회복한 발해는 대내적인 체제 정비에 주력했다. 문

상경 용천부 터(중국 헤이룽장성)
발해의 도성은 모두 평지에 있으며 외성을 네모나게 쌓고 그 안에 궁성과 관청 건물 등을 쌓았다. 상경은 광활한 평지에 정연한 도시계획에 따라 건설된 계획 도시였다. 상경 용천부의 외성은 거의 17km에 달하는데 이는 당시 동아시아에서 당의 장안성 다음으로 큰 도시였다. 상경은 당의 수도인 장안을 본따서 건설했는데, 외성을 쌓고 남북으로 넓은 주작대로를 내고, 그 안에 궁궐과 사원을 세웠다고 한다. 궁궐 중에는 고구려 문화를 이어받은 온돌 장치도 발견됐다.

지방 행정조직

◎ 발해의 5경
● 신라의 5소경
→ 수도의 이동

회원부

철리부

장령부

안원부

발해

막힐부

용천부

홍개호

솔빈부

상경
(영안)

동모산

정리부

부여부

당

장령부

동경
(훈춘)

서경
(임강)

중경
(화룡)

용원부

압록부

남해부

남경
(북청)

황 해

신라

동 해

한주

삭주

북원경
(원주)

명주

중원경(충주)

서원경(청주)

웅주

상주

전주

금성

남원경
(남원)

강주

양주

무주

금관경
(김해)

왕은 56년이라는 재위 기간 발해의 제도와 문물을 정비하고 나라를 크게 발전시켰다. 특히 당의 발달한 문물 제도를 받아들이는 데 힘을 기울였다.

이 무렵 발해와 신라 사이에도 교류가 이루어졌다. 발해의 5개 교역로 중 신라도가 있었고, 신라 국경에서 발해의 동경까지 39개의 역이 설치되어 있었던 것으로 보아 두 나라 사이에 교류가 있었음을 알 수 있다.

발해는 넓은 영토를 효과적으로 다스리기 위해서 상경·중경·동경·서경·남경의 5경을 두었다. 문왕은 재위 기간 중 수도를 여러 차례 옮겼는데, 처음 도읍하였던 동모산에서 벗어나 남쪽의 넓은 지역에 중경 현덕부를 건설하여 도읍으로 삼았다. 이어 얼마 후 다시 상경 용천부로, 또 다시 두만강 하류 지역인 동경 용원부로 도읍을 옮기며 나라의 발전에 힘썼다.

동경에서 문왕은 일본에 여러 차례 사신을 파견하는 등 외교적 노력과 함께 무역을 통한 경제적 발전도 도모했다. 이후 발해 제5대 성왕 시기에 동경에서 상경으로 다시 도읍을 옮기고 나라를 더욱 발전시켰다.

문왕은 당과 우호 정책을 강화하여 '발해군왕'에서 '발해국왕'이라는 직함을 받았다. 이로써 당나라도 발해를 정식 국가로 인정하게 된 것이

오봉루(중국 흑룡강성)
지금의 흑룡강성 영안에 있는 상경 용천부 궁성의 남쪽 문이다. 상경 용천부는 755년 무렵부터 수도였다가 785년에 다시 수도가 동경 용원부로 옮겨졌다. 이후 794년에 다시 이곳으로 천도하여 발해가 멸망할 때까지 수도였다.

더 알아보기

'해동성국(海東盛國)'의 유래

'처음에 발해 왕이 자주 학생들을 파견하여 경사(京師)의 태학에서 고금의 제도들을 익히게 하니 이 때에 이르러 마침내 해동성국이 되었다'(『신당서』권19, 열전 144, 발해).

다. 문왕은 당의 선진화된 문물을 수용하여 나라를 발전시키면서, 일본과도 사신을 주고 받으며 국서를 보내기도 했다. 이에 일본도 발해를 고구려를 계승한 나라로 인식하여 '고려국'이라 했다. 또 문왕은 자신보다 먼저 죽은 둘째 딸 정혜공주와 넷째 딸 정효공주의 묘를 만들었는데, 발해 문화를 연구하는 귀한 유적이 되고 있다.

문왕이 이후 여러 왕을 거쳐 제10대 선왕 때 이르러 발해는 가장 융성한 시기를 맞이하게 되었다. 선왕은 영토를 넓혀 흑룡강 하류 지역까지 개척하고, 문왕 때 만든 3개의 수도 외에도 서경 압록부와 남경 남해부 2경을 더 만들어 넓은 국토를 효율적으로 통치하고자 했다.

또한, 당에 많은 유학생을 보내어 당의 제도와 문화를 적극적으로 받아들이며 발전했다. 말갈의 여러 부족을 복속시키고, 서쪽으로는 요동 지방에까지 진출해 고구려의 옛 땅을 대부분 되찾았다. 선왕의 이러한 노력에 힘입어 발해는 크게 발전했고, 당나라 사람들은 발해를 바다 동쪽의 융성한 나라라 하여 '해동성국'이라 부르며 칭송했다.

정효공주 묘비(중국 길림성 화룡)
문왕의 넷째 딸인 정효공주의 무덤에는 묘비와 벽화가 남아있다. 묘지의 비문은 당대에 유행한 변려체 문장으로 18행 728자의 글이 새겨있다.

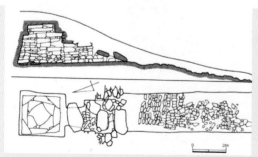

정혜공주 묘(중국 길림성 돈화)
문왕 둘째 딸 정혜공주의 무덤이다. 대형의 굴식 돌방무덤으로 널방과 널길 로 구성되었으며, 모줄임 천장이 특징이다.

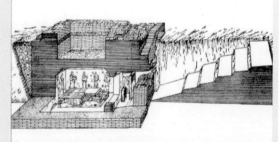

정효공주 묘(중국 길림성 화룡)
문왕의 넷째 딸인 정효공주의 무덤이다. 757년에 태어나 792년에 묻혔다. 무덤은 크게 무덤 바깥길·안길·널방으로 이루어져 있는데, 벽돌과 돌로 쌓은 지하무덤이다.

3. 독자적인 국가 체제를 갖추다

발해는 당의 문물 제도를 참조하여 세련된 제도를 갖추는 데 힘을 기울였다. 특히, 대외적인 안정을 회복한 이후에는 대내적인 체제 정비에 주력했는데 무왕을 이은 문왕의 재위 기간 중 제도와 문물이 크게 정비됐다. 770년대 무렵에는 지방 행정 제도로 부 - 주 - 현제와 5경 제도가 이미 성립되어 있었다.

발해는 중앙에 3성 6부의 정치 조직을 두고, 지방 행정 구역은 5경 15부 62주로 조직했다. 3성 중 정당성은 행정의 실제적인 총괄 핵심 기구였고, 정당성 소속의 충·인·의·지·예·신 6부는 구체적인 정무를 맡은 부서였다. 행정 구역의 핵심인 5경은 상경을 중심으로 하여 다섯 갈래의 교통망으로 연결되어 이동을 편하게 했다.

발해의 정치 제도는 당의 3성 6부제를 본받았으나, 자신들에게 맞도록 이를 변형하였다. 곧 당과는 달리 정당성이 국무를 총괄하는 위치에 있었고, 감찰기구인 중정대와 문적원·주자감 등의 관서를 설치한 것이 그렇다.

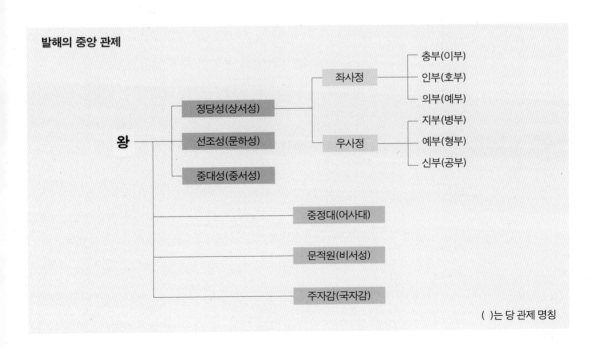

발해의 중앙 관제

왕 ─ 정당성(상서성) ─ 좌사정 ─ 충부(이부) / 인부(호부) / 의부(예부)

정당성(상서성) ─ 우사정 ─ 지부(병부) / 예부(형부) / 신부(공부)

선조성(문하성)

중대성(중서성)

중정대(어사대)

문적원(비서성)

주자감(국자감)

( )는 당 관제 명칭

발해 외교문서(일본 국내청)
일본으로 파견된 발해사신이 가져 간 일종의 외교문서로 당시 파견된 관리의 이름과 인원 수가 기록되어 있다.

지방 조직은 토착 사회의 조직을 근간으로 하여 정비했다. 발해는 토착 사회의 지배자인 촌장의 지배권을 인정하여 수령으로 임명하고 이를 바탕으로 5경 15부 62주라는 지방 통치 조직을 정비했다. 이중 15부는 가장 중요한 골격을 이루었고, 그 아래 62개의 주를 나누어 설치했다. 주 아래에는 여러 개의 현이 설치되어 있었고, 현 아래에는 촌락들이 있었다. 수령은 그 촌락의 유력자로 행정 조직의 말단에 속해서 세금 징수와 노동력 징발 등 실무를 관장했고, 때로는 대외 사절단의 일원으로 참가하기도 했다.

4. 주변 국가와 활발히 외교 활동을 벌이다

초기 발해는 고구려를 멸망시킨 당과 신라에 대해 적대적일 수밖에 없었다. 그래서 발해는 북쪽으로 돌궐과 친하게 지내고, 바다 건너 일본과도 친선 관계를 맺었다. 한편 당과는 군사적인 대립 관계를 유지하고 있었으나 점차 갈등을 없애고 당의 문화를 수용했다.

무왕 때에 이르러 처음으로 일본에 사신을 파견했다. 일본은 발해 사신들을 융숭히 대접하고, 그들을 '고려' 사절이라 했다. 고려란 고구려를 말하는데 일본은 발해가 고구려의 후예 나라임을 인정한 것이다. 이후 두 나라는 여러 차례 사신을 주고받으며 활발한 교류를 이어가는데 이는 양국 간에 주고받은 목간과 외교 문서에서 확인된다.

초기에 발해는 당과 마찬가지로 신라와 대립 관계를 유지했다. 고구려계 지배층의 반신라 의식과 신라 지배층의 보수적 자세, 그리고 당의 이간 정책이 원인이었다. 심지어 무왕이 당을 공격하자 당의 요청으로 신라는 발해 공격을 시도하기도 했다. 발해와 신라의 대립 관계를 잘 알 수 있는 사건으로 등제 서열 사건이다. 이는 당에서 외국인들이 보는 빈공과라는 과거 시험에서 나타났다.

내용은 875년 발해의 오도소가 신라인보다 더 높은 점수를 얻어 수석의 영광을 차지하자, 최치원은 이 사건이야말로 "한나라의 수치로 영원히 남을 것이다"라고 치욕스럽게 여겼다. 또한 이후 신라의 최언위가 오소도의 아들인 오광찬보다 상위에 합격하자, 당에 있던 오소도가 자기 아들의 순위를 최언위보다 올려달라고 요구했다가 거절당한 사건이다.

또한, 897년 발해의 왕자 대봉예가 당에 글을 올려 발해가 신라보다 더 강성하니 나라 이름을 부를 때 발해, 신라 순으로 해야 된다고 주장했지만 당이 이를 거부한 일도 있었다. 이러한 일련의 사건들은 신라와

발해가 서로 대립하고, 경쟁을 했던 사실을 잘 보여준다. 이후 당나라와 발해, 신라는 상호 견제와 대립 관계도 있었지만, 8세기 후반에 이르면서는 세력 균형을 이루며 평화로운 문화 교류를 했다.

5. 5개의 대외교통로를 개척하다

9세기에 이르러 사회가 안정되면서 경제도 크게 발달했다. 귀족의 경우는 대토지를 소유하고, 무역을 통해 당으로부터 비단·서적 등을 수입하는 등의 경제생활을 했다.

농업은 일부 지역에서 벼농사도 했으나 산지가 많은 지질학적 특징으로 주로 밭농사(콩·조·보리·수수)가 중심이 되었다. 발해는 농사 이외에도 목축과 수렵이 발달하여 가축인 말·소·돼지를 기르고 사냥을 통해 짐승들을 잡았다. 그리고 바다와 접해있는 지역은 다시마를 비롯하여 게·생선 등도 먹었다.

철제 보습(국립중앙박물관)
땅을 가는데 사용했던 철제 농기구이다.

쪽구들(연해주 체르나치노, 정석배 제공)
구들(온돌)은 고구려의 전통 난방시설로 발해문화가 고구려문화를 계승한 증거이기도 하다.

대개 일반 백성들은 대개 움집에서 살았으나 귀족의 경우 기와가 있는 저택에서 살았다. 난방은 구들로 했는데 벽에 따라 설치된 구들은 고구려의 전통 난방 시설과 매우 비슷하다. 구들이 발전하여 만들어진 온돌이 상경 용천부에서 발굴되기도 했다.

수공업으로는 철·구리 등의 금속 가공업과, 직물업·도자기업 등이 발달했다. 도시와 교통 요충지마다 상업도 발달했는데 주로 현물을 화폐처럼 사용했고 외국 화폐가 유통되기도 했다. 발해는 당, 일본, 북방의 중앙아시아와 활발한 교역을 했고 모피·말 등이 주요 수출품이었다.

소그드 은화
연해주에서 발견된 중앙아시아의 소그드 은화이다. 이를 통해 발해와 중앙아시아의 교류가 있었다는 사실을 알 수 있다.

발해에는 5개의 중요한 대외교통로가 있었다. 발해의 수도인 상경 용천부에서 함경도 동해 연안을 따라 신라로 들어가던 신라도, 바다를 통해 일본으로 가는 일본도, 부여부를 지나 거란으로 가는 거란도, 그리고 당나라로 가던 영주도·조공도가 있었다. 조공도의 경우는 요동반도와 산둥반도를 잇는 바닷길이고, 영주도는 육로로 당나라에 가는 길이었다. 5경과 같은 주요 거점들이 이러한 대외 교통로와 연계되어 있어 활발한 무역이 이루어 질 수 있었다. 발해는 주요 교통로마다 사신들이 쉴 수 있는 역을 설치했고, 교통로를 보호하기 위해서 요충지에는 성을 쌓았다.

발해 여성의 지위는 동시대의 다른 나라에 비해 높았다고 전해진다. 주변의 민족과는 달리 발해에서는 남자가 첩이나 몸종을 두는 일이 없었고, 부인을 그리는 애틋한 문학 작품이나 여성의 활약을 나타낸 기록이 다수 남아있다.

6. 독창적인 발해 문화를 이루다

발해의 문화는 고구려 문화를 기반으로 당나라의 문화를 수용, 가미하는 형태를 띠었다. 여기에다 말갈의 토착 문화가 지방 사회를 중심으로 강하게 남아있었다. 한마디로 종합하면 발해의 문화는 고구려, 당나라, 말갈 문화가 융합된 국제적인 문화였다. 발해는 선진 문화를 들여오기 위해서 당나라와 아주 활발한 교류를 했다. 발해는 당의 장안성을 본떠 상경에 주작대로를 만들었다. 궁궐의 남문에서 남쪽으로 길게 큰 길을 내었는데 이를 주작대로라고 불렀다.

연해주 크라스키노 발해성 출토 금동불상(정석배 제공)
발해의 62주 가운데 하나인 염주의 성터에서 발굴된 금동불상이다.

주작대로(복원)
대궐의 남쪽으로 뻗은 큰길로, 발해 수도인 상경에 있었다. 당의 장안성의 모습을 본떠 만들었다고 전해진다.

더 알아보기

밤에 다듬이질 소리를 듣고

서리 찬 하늘 달은 빛나고, 은하수 밝은 밤 / 나그네 고향 갈 생각에 감회가 새롭구나

깊은 수심에 젖어, 기나긴 밤 앉아 있기 지루한데 / 홀연히 여인의 다듬이질 소리 들려온다

끊어졌다 이어지며, 바람따라 들려오네 / 밤 깊고 별 지도록 그치지 않는구나

고국 떠난 뒤, 들어보지 못했는데 / 오늘 타향에서 듣는 소리, 고향 소리와 같구나

(양태사, 『경국집』).

당나라의 문화를 수입한 창구는 장기간 당에 머물렀던 유학생·숙위·왕족 등을 들 수 있다. 그러나 일시적으로 파견되었던 사신들도 여기에 한몫을 했다. 이처럼 발해는 초기부터 말기까지 지속적으로 학생들을 당에 파견했고, 이러한 학생의 파견으로 선진 문물이 들어와 발해 문화를 발전시켰다. 발해의 최고 교육 기관으로는 주자감이 있어 유교와 한문학을 가르쳤고, 많은 유학생들이 당에 유학하여 과거에 합격기도 했다.

발해의 문학은 당시 유행하던 4·6변려체로 지어진 정효공주 묘비문에서 알 수 있는데, 이를 통해 발해의 한문학 수준이 뛰어났음을 가늠할 수 있다. 이 외에도 일본으로 간 발해 사신인 양태사가 남긴 '밤에 다듬이질 소리를 듣고'라는 시가 전해

발해 영광탑 (중국 헤이룽장성)
8~10세기에 건립된 발해 시대의 누각식 전탑이다. 1908년 청나라의 한 관리가 이 탑에 대하여 공자 사당의 영광전처럼 오랜 세월 속에서도 의연하게 남아 있다고 평한 후에 영광탑이라 부르게 됐다고 전해진다.

고구려 기와　　　　**발해 기와**
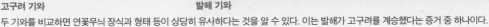
두 기와를 비교하면 연꽃무늬 장식과 형태 등이 상당히 유사하다는 것을 알 수 있다. 이는 발해가 고구려를 계승했다는 증거 중 하나이다.

사자머리 장식 모형(국립중앙박물관)
현재 국립중앙박물관의 발해 전시실에 모형이 전시되어 있고, 실물은
일본과 중국에 보관되어 있다. 사자머리 장식의 용도는 궁궐 건축물의
일부로 건물을 떠받치는 석축을 장식하던 것으로 여겨진다. 중국과 다
르게 용머리 장식을 사용하지 않고 사자머리를 형상화한 점이 특징적
이다.

이불병좌상(일본 동경국립박물관)
중국 길림성 훈춘에서 출토된 발해의 불상으로 높이가 29㎝이
며, 현재 남아있는 발해 이불병좌상 중에서 그 형태가 가장 완전
하다. 날카로운 광배와 양감 있는 연꽃의 표현 등 여러 면에서
고구려 불상 조각의 전통을 가장 잘 계승한 유물이다. 제작 시기
는 발해의 건국 초기, 즉 700년 전후로 여겨 지고 있다.

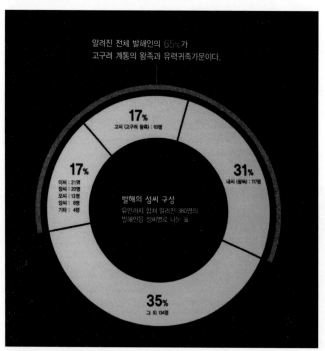

알려진 전체 발해인의 65%가
고구려 계통의 왕족과 유력귀족가문이다.

17%
고씨 (고구려 왕족) : 63명

17%
이씨 : 21명
장씨 : 20명
오씨 : 13명
양씨 : 8명
기타 : 4명

31%
내씨 (왕아) : 117명

발해의 성씨 구성
유민까지 합쳐 알려진 380명의
발해인들 성씨별로 나눈 표

35%
그 외 134명

발해의 성씨 구성(독립기념관)

저 발해의 문학 수준을 알 수 있다.

삼국이 그랬던 것처럼 발해도 불
교가 지배층을 중심으로 유행했다.
고구려에서 계승된 것으로 여겨지
는 불상과 불교식 벽돌이 곳곳에
서 발굴되고 있다. 동경성 부근에
서는 부처 둘이 앉아있는 고구려
양식의 이불병좌상이 출토됐고, 상
경성 2호 절터에는 현무암으로 만
든 높이 6m의 거대한 석등이 전해
지고 있다.

길림성 탑산 정상에는 영광탑이
라 하여 전체 높이는 13m 정도의
오층 벽돌탑이 있다. 중국 동북 지
역에서 현존하는 탑 가운데 연대가 가장 오래되었고, 동북 지역에서 보
기 드문 누각식 탑이다.

정혜공주 무덤 돌사자(조선중앙
역사박물관)
발해 제3대 문왕의 둘째 딸 정혜
공주 무덤에서 힘차고 생동감 넘
치는 돌사자상 두 개가 발견되었
다. 이 돌사자상은 머리를 치켜
들고 눈을 부릅뜨고 있다. 또 입
을 벌리고 혀를 말고 있으며 가
슴을 불쑥 앞으로 내밀어 강한
힘을 느끼게 한다.

발해 석등(중국 흑룡강성)
발해의 수도이자 5경 중에 하나였던 상경 용천부지에 있는 6m 높이에 이르는 거대한
현무암 석등이다. 일반적인 석등 구조에 전체적으로 균형이 잘 잡혀 조화미를 느낄
수 있다. 발해의 조각예술을 보여주는 대표적인 작품으로 꼽힌다.

발해는 고구려를 계승한 나라로 고구려와 문화의 관련성이 깊다. 이 중 가장 대표적인 유물이 바로 발해 정혜공주의 무덤이다. 무덤 양식은 돌방에 봉토를 덮은 형태로, 완전한 굴식 돌방무덤의 고구려 양식이다. 발해 집터에서는 온돌을 사용한 흔적이 보이는데, 온돌은 고구려에서 시작된 난방 문화이다. 또한, 발해 주민의 성씨 구성을 보더라도 왕족인 대씨를 비롯하여 귀족의 성씨인 고씨 역시 고구려 왕족의 성씨로 지배층 다수가 고구려계임을 알 수 있다.

7. 거란의 침략으로 멸망하다

10세기에 접어들면서 발해를 둘러싼 국제 정세가 급속히 바뀌었다. 이미 기울어진 당나라는 멸망하고(907년), 중국 대륙은 5대 10국이라는 대분열 시대를 맞이 하였다. 이 시기 틈타 거란이 크게 성장하며 발해에게 중대한 위협이 됐다.

거란은 야율아보기가 여러 부족을 통일하고 916년 황제로 즉위하여 세력를 크게 떨쳤다. 거란은 중원 정복의 꿈을 실현하기 위해 배후에 있는 발해를 공격해야만 했다. 결국 926년 야율아보기는 부여성을 뚫고 발해군 3만을 격파한 뒤 수도인 상경 용천부를 포위했고, 발해의 마지

더 알아보기

중국의 역사 왜곡 : 동북공정이란 무엇인가?

중국이 자국의 국경 안에서 일어난 모든 역사를 중국 역사로 편입하려는 연구를 말한다. 이 연구를 통해 중국은 과거 만주에 활동했던 고구려, 발해의 역사를 중국 역사로 편입하려고 시도하고 있다. 구체적으로 고구려와 수나라, 당나라 간의 전쟁은 중국 국내의 통일 전쟁이었으며, 발해는 중국의 지방 지역이었다고 주장하고 있다. 동북공정의 장기적인 목적은 남북 통일 후 국경 및 영토 문제에 대비한 대책으로 여겨져. 현재 중국 내에 있는 고구려와 발해의 유적은 우리나라 역사학자들이 연구하지 못하도록 막고, 중국의 역사로 취급되어 관광에 이용되고 있는 상황이다.

막 왕인 대인선은 항복하였다. 이로써 고구려 멸망 후 30년이 지난 698년 건국하여 926년 멸망할 때까지 228년간 중국의 동북 지방, 연해주 지역을 다스렸던 발해는 멸망하게 된다. 그러나 발해는 우리 역사상 가장 최대의 영토를 다스렸고, 동시에 북방 지역을 무대로 삼은 마지막 나라였다.

발해 멸망 후 934년 왕세자였던 대광현이 수많은 발해 유민을 거느리고 고려로 넘어왔다는 기록으로 보아, 고려가 나름대로 많은 수의 발해 유민을 흡수한 것으로 여겨진다. 태조 왕건이 발해 유민의 수용에 적극적이었다는 기록도 있다.

한편, 발해의 옛 땅에 남아 있던 유민들은 계속해서 발해를 부흥하고자 노력했다. 그리하여 야율아보기 큰 아들을 왕으로 하여 발해 지역에 세운 동단국이 927년 서쪽으로 옮겨가자, 유민들은 후발해를 세우지만 오래가지는 못했다. 한편 서경 압록부가 있던 압록강 중류 지역에서도 발해 유민들이 정안국을 세워 935년부터 970년까지 있었으나 결국 거란(요나라)의 공격으로 멸망했다.

역대 왕조 계보

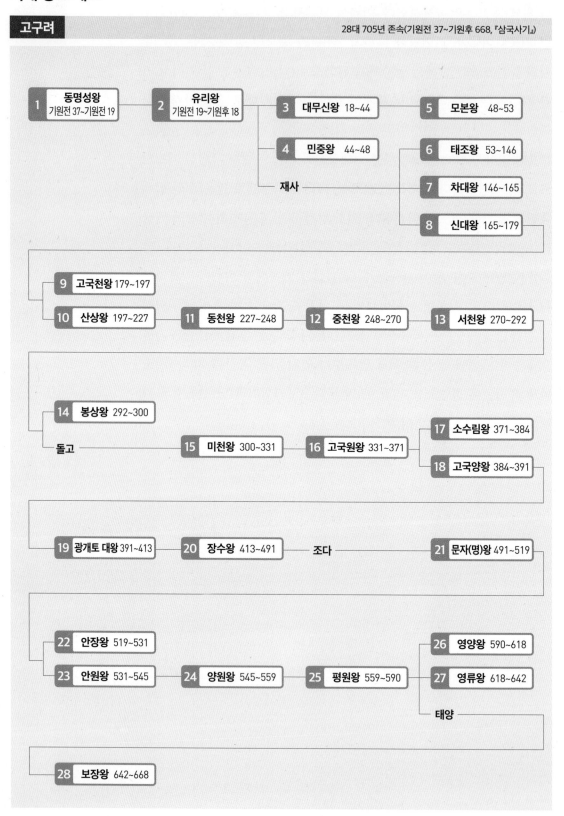

1 **동명성왕** 기원전 37~기원전 19	2 **유리왕** 기원전 19~기원후 18	

3 **대무신왕** 18~44 — 5 **모본왕** 48~53

4 **민중왕** 44~48

재사 — 6 **태조왕** 53~146

7 **차대왕** 146~165

8 **신대왕** 165~179

9 **고국천왕** 179~197

10 **산상왕** 197~227 — 11 **동천왕** 227~248 — 12 **중천왕** 248~270 — 13 **서천왕** 270~292

14 **봉상왕** 292~300

돌고 — 15 **미천왕** 300~331 — 16 **고국원왕** 331~371 — 17 **소수림왕** 371~384

18 **고국양왕** 384~391

19 **광개토 대왕** 391~413 — 20 **장수왕** 413~491 — 조다 — 21 **문자(명)왕** 491~519

22 **안장왕** 519~531

23 **안원왕** 531~545 — 24 **양원왕** 545~559 — 25 **평원왕** 559~590 — 26 **영양왕** 590~618

27 **영류왕** 618~642

태양

28 **보장왕** 642~668

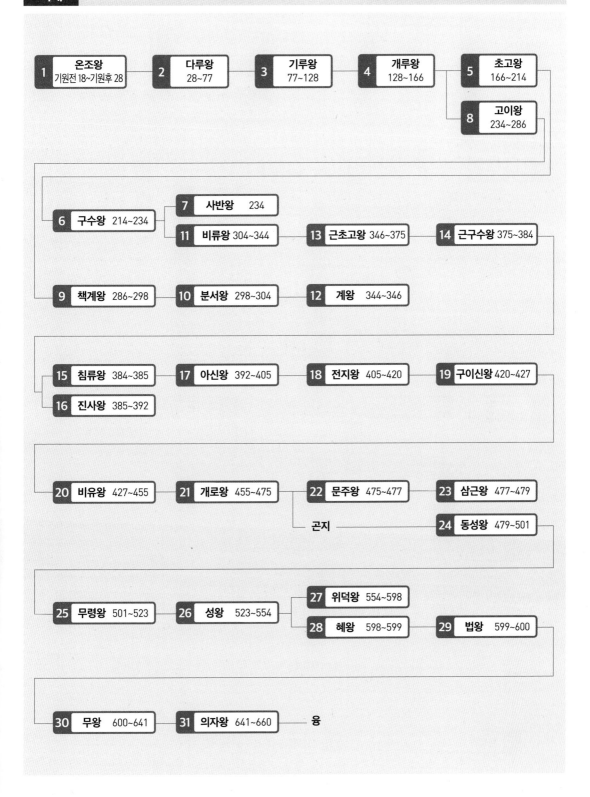

1	온조왕 기원전 18~기원후 28
2	다루왕 28~77
3	기루왕 77~128
4	개루왕 128~166
5	초고왕 166~214
8	고이왕 234~286
6	구수왕 214~234
7	사반왕 234
11	비류왕 304~344
13	근초고왕 346~375
14	근구수왕 375~384
9	책계왕 286~298
10	분서왕 298~304
12	계왕 344~346
15	침류왕 384~385
17	아신왕 392~405
18	전지왕 405~420
19	구이신왕 420~427
16	진사왕 385~392
20	비유왕 427~455
21	개로왕 455~475
22	문주왕 475~477
23	삼근왕 477~479
	곤지
24	동성왕 479~501
25	무령왕 501~523
26	성왕 523~554
27	위덕왕 554~598
28	혜왕 598~599
29	법왕 599~600
30	무왕 600~641
31	의자왕 641~660
	융

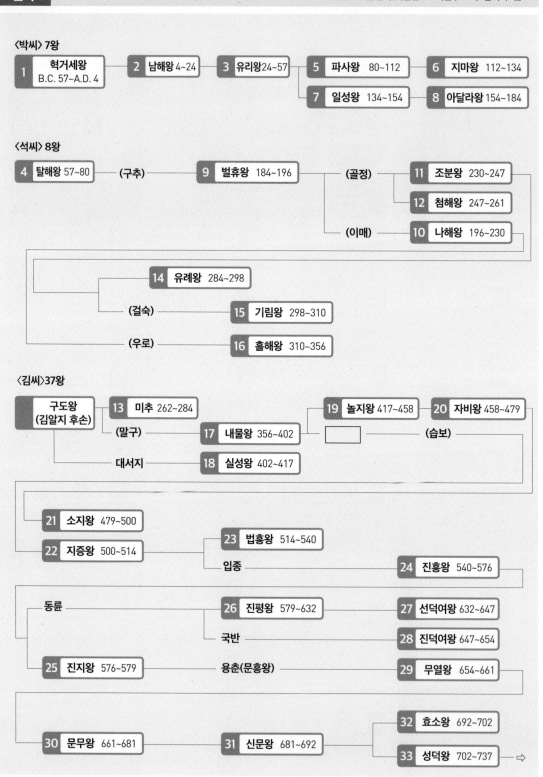

〈박씨〉 7왕
1 혁거세왕 B.C. 57~A.D. 4 — 2 남해왕 4~24 — 3 유리왕 24~57 — 5 파사왕 80~112 — 6 지마왕 112~134
7 일성왕 134~154 — 8 아달라왕 154~184

〈석씨〉 8왕
4 탈해왕 57~80 — (구추) — 9 벌휴왕 184~196 — (골정) — 11 조분왕 230~247
12 첨해왕 247~261
(이매) — 10 나해왕 196~230
14 유례왕 284~298
(걸숙) — 15 기림왕 298~310
(우로) — 16 흘해왕 310~356

〈김씨〉 37왕
구도왕 (김알지 후손) — 13 미추 262~284 — 19 놀지왕 417~458 — 20 자비왕 458~479
(말구) — 17 내물왕 356~402 — (습보)
대서지 — 18 실성왕 402~417
21 소지왕 479~500
22 지증왕 500~514 — 23 법흥왕 514~540
입종 — 24 진흥왕 540~576
동륜 — 26 진평왕 579~632 — 27 선덕여왕 632~647
국반 — 28 진덕여왕 647~654
25 진지왕 576~579 — 용춘(문흥왕) — 29 무열왕 654~661
30 문무왕 661~681 — 31 신문왕 681~692 — 32 효소왕 692~702
33 성덕왕 702~737 ⇨

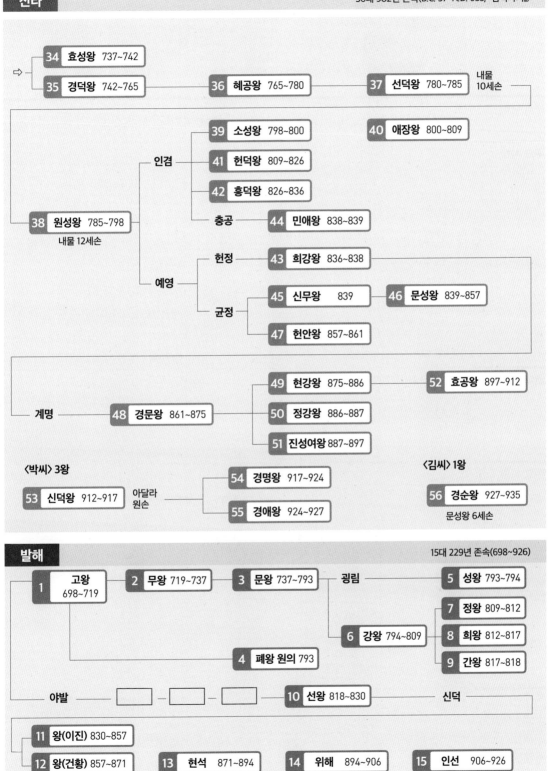

⇨

| 34 | **효성왕** 737~742 |
| 35 | **경덕왕** 742~765 |

| 36 | **혜공왕** 765~780 |　　| 37 | **선덕왕** 780~785 | 내물 10세손 |

39	**소성왕** 798~800
40	**애장왕** 800~809
41	**헌덕왕** 809~826
42	**흥덕왕** 826~836

인겸

| 38 | **원성왕** 785~798 | 내물 12세손

충공 | 44 | **민애왕** 838~839 |

헌정 | 43 | **희강왕** 836~838 |

예영

| 45 | **신무왕** 839 |　| 46 | **문성왕** 839~857 |

균정

| 47 | **헌안왕** 857~861 |

| 49 | **헌강왕** 875~886 |　| 52 | **효공왕** 897~912 |

계명 | 48 | **경문왕** 861~875 |

| 50 | **정강왕** 886~887 |
| 51 | **진성여왕** 887~897 |

〈박씨〉 3왕　　　　　　　　　　　　　　　　〈김씨〉 1왕

| 53 | **신덕왕** 912~917 | 아달라 원손

| 54 | **경명왕** 917~924 |
| 55 | **경애왕** 924~927 |

| 56 | **경순왕** 927~935 | 문성왕 6세손

발해　　　　　　　　　　　　　　　　　　　　15대 229년 존속(698~926)

| 1 | **고왕** 698~719 |　| 2 | **무왕** 719~737 |　| 3 | **문왕** 737~793 |　굉림　| 5 | **성왕** 793~794 |

| 6 | **강왕** 794~809 |

7	**정왕** 809~812
8	**희왕** 812~817
9	**간왕** 817~818

| 4 | **폐왕 원의** 793 |

야발　　□ — □ — □　| 10 | **선왕** 818~830 |　신덕

| 11 | **왕(이진)** 830~857 |

| 12 | **왕(건황)** 857~871 |　| 13 | **현석** 871~894 |　| 14 | **위해** 894~906 |　| 15 | **인선** 906~926 |

연표

우리 나라	구석기 시대	신석기 시대	고조선(기원전 2333~기원전 108)		
주요 사항					

연대	구석기 문화	신석기 문화	2333 고조선 건국	청동기 문화 보급	고조선 발전
	약 70만 년 전	8000년 경		2000년 경	1000년 경

B.C.

주요 사항		3000년 경	2500년 경	2500년 경	2500년 경	
		이집트 문명 시작	황허 문명 시작	함무라비왕,	주 건국	770 중국, 춘추시대
			인더스 문명 시작	법전 편찬		(~403)

중국	구석기 시대	신석기 시대	황허 문명 형성	은(殷, 기원전 1600 ~기원전 1046)	주(周, 기원전 1046 ~기원전 770)	춘추 전국(春秋戰
일본	죠몬(縄文) 시대					
서양	고				대	

고조선(기원전 2333~기원전 108)					삼국 시대

				57 신라 건국
			194 위만조선 성립	37 고구려 건국
	철기 문화 보급		108 고조선 멸망	18 백제 건국
	400년경			

600	500	400	300	200	100	B.C.

624년 경 석가 탄생	492 페르시아 전쟁	334 알렉산더 대왕,	221 진, 중국 통일		91 사마천, 사기 편찬
551년 경 공자 탄생	(~479)	동방 원정	206 한, 건국		27 로마, 제정 시작
525 페르시아,	431 펠로폰네소스				4 그리스도 탄생
오리엔트 통일	전쟁 (~404)				
	430 헤로도토스,				
	역사 편찬				
	403 중국, 전국 시대				

춘추 전국(春秋戰國) 시대(기원전 770~기원전 221)		진(秦, 기원전 221~기원전 206)	전한(前漢, 기원전 206~기원후 8)
죠몬(繩文) 시대		야요이(彌生) 시대	

사   회

연표

우리 나라	삼			국

주요 사항

			313 고구려, 낙랑군 축출	
			372 고구려, 불교 전래	405 백제, 일본에
			태학 설치	한학 전파
	194 고구려, 진대	260 백제, 16관등	백제, 동진에 사절 파견	427 고구려, 평양 천도
	법 실시	· 공복 제정	384 백제, 불교 전래	433 나 · 제 동맹 성립

연대

A.D	100	200	300	400

주요 사항

25 후한 건국	105 채륜, 제지법	220 후한 멸망,	313 로마, 크리스트교 공인	439 중국, 남북조 성립
	발명	삼국 시대	316 5호 16국 시대	476 서로마 제국 멸망
	166 로마 사신	280 진(晉), 중국	317 동진 성립	486 프랑크 왕국 성립
	중국 도착	통일	325 니케아 공의회	
			375 게르만 민족, 대이동 시작	
			395 로마 제국, 동서로 분열	

중국	신	후한	삼국 시대	진(晉)	남북조 시대
일본	야요이 시대	100여국 시대		고훈 시대	야마토(大和) 정권 시대
서양	고	대		사	회

시 대		남 북 국 시 대		
502 신라, 우경 실시				
503 신라, 국호 · 왕호 제정	612 고구려, 살수 대첩			
508 신라, 동시전 설치	624 고구려, 도교 전래			
520 신라, 율령 반포 ·	645 고구려, 안시성 승리			
공복 제정	660 백제 멸망			
527 신라, 불교 공인	668 고구려 멸망	722 신라, 정전 지급	828 장보고, 청해진 설치	901 궁예, 후고구려 건국
536 신라, 연호 사용	676 신라, 삼국 통일 달성	751 김대성, 불국사 ·	834 백관의 복색 제도	918 왕건, 고려 건국
538 백제, 사비성 천도	682 국학 설치	석굴암 건립	공포	926 발해 멸망
545 신라, 국사 편찬	685 9주 5소경 설치	771 성덕대왕 신종 주조	888 위홍, 삼대목 편찬	935 신라 멸망
552 백제, 일본에 불교 전파.	698 발해 건국	788 독서삼품과 설치	900 견훤, 후백제 건국	936 고려, 후삼국 통일

500	600	700	800	900

529 유스티니아누스 법전	610 무함마드, 이슬람교 창시	710 일본, 나라 천도	829 잉글랜드 왕국	907 당 멸망
완성	618 당 건국	712 당, 현종 즉위	성립	916 거란 건국
베네딕트, 몬테카시노	622 헤지라(이슬람 원년)	755 당, 안 · 사의 난	843 베르됭 조약	960 송 건국
수도원 창설	629 현장, 대당서역기 저술	771 카룰루스 대제,	875 당, 황소의 난	962 오토 1세, 신성 로마
537 성 소피아 대성당 건립	645 일본, 다이카 개신	프랑크 왕국 통일		황제 대관
(콘스탄티노플)	671 당 의정, 인도 여행	794 일본, 헤이안 천도		987 프랑스, 카페 왕조 성립
589 수, 중국 통일				

수(隋, 581~618)		당(唐, 618~907)		5대 10국 시대
야마토 정권 시대	아스카(飛鳥) 시대(592~709)	나라(奈良) 시대(710~793)	헤이안(平安) 시대(794~1185)	

중 세 사 회

ㄱ

참 한국사 이야기

참 한국사 이야기

참고 문헌

강민기 외, 『클릭, 한국미술사』, 예경, 2011.

강종훈 외, 『미래를 여는 한국의 역사』 1 -원시시대에서 남북국시대까지- 웅진지식하우스, 2011.

고려대 한국사연구소, 『한국사』, 새문사, 2014.

국사편찬위원회, 『고등학교 국사』, 교육인적자원부, 2002.

국사편찬위원회, 『신편 한국사』 1-50권, 탐구당, 1994~1998.

김철준, 『사료로 본 한국 문화사』 고대, 일지사, 2000.

민속원, 『한국 역사 민속학 강의』, 민속원, 2010.

박광일·최태성, 『교과서 밖으로 나온 한국사』 선사-고려, 2014, 씨앤아이북스, 2014.

변태섭·신형식, 『한국사통론』, 삼영사, 2006.

서의식·강봉룡, 『뿌리 깊은 한국사 샘이 깊은 이야기』 1 -고조선·삼국-, 솔출판사, 2002.

서의식·강봉룡, 『뿌리 깊은 한국사 샘이 깊은 이야기』 2 -통일신라·발해-, 솔출판사, 2002.

신형식 외, 『신 한국통사』, 주류성, 2014.

신형식, 『고구려사』, 이화여자대학출판부, 2003.

신형식, 『백제사』, 이화여자대학출판부, 1992.

신형식, 『신라 통사』, 주류성, 2004.

신형식, 『한국의 고대사』, 삼영사, 1999.

이기백, 『한국사신론』, 일조각, 1999.

이우태 외, 『대학생을 위한 한국사』, 경인문화사, 2015.

장경희 외, 『한국 미술 문화의 이해』, 예경, 2006.

한국사특강편찬위원회, 『한국사 특강』, 서울대출판부, 2008.

한국역사연구회, 『삼국 시대 사람들 어떻게 살았을까』, 청년사, 2005.

한국역사연구회, 『한국사강의』, 한울아카데미. 1989.

한국학중앙연구원, 『한국 민족문화 대백과사전』, 한국학중앙연구원. 1991.

한영우, 『다시 찾는 우리 역사』, 경세원, 2001.

〈참고 웹 사이트〉

고전번역원

국사편찬위원회

독립기념관

두산 백과사전

문화재청

서울대 규장각 한국학연구원

장서각

한국역사정보통합시스템

참 한국사 이야기 1

선사~남북국 시대

기획   한국역사문화교육연구회

지은이   장득진(국사편찬위원회) · 이경찬(부천고등학교) · 이기명(죽전고등학교)

         김경수(계성초등학교) · 장성익(가주초등학교) · 이동규(연신초등학교)

검토   신익수(남대전고등학교) · 한기한(대전제일고등학교) · 명재림(근명중학교)

감수   최병도(전 경기고등학교) · 김병규(전 상당고등학교 교장) · 김유성(죽전고등학교 교장)

펴낸이   최병식

펴낸날   2018년 3월 14일

펴낸곳   주류성출판사

주소   서울특별시 서초구 강남대로 435 주류성빌딩 15층

전화   02-3481-1024(대표전화)

팩스   02-3482-0656

홈페이지   www.juluesung.co.kr

값 14,000원

잘못된 책은 교환해 드립니다.

이 책은 아모레퍼시픽의 아리따글꼴을 일부 사용하여 디자인 되었습니다.

ISBN 978-89-6246-338-5 44910(세트)

ISBN 978-89-6246-339-2 44910